# 커리어
# 대작전

# 커리어
# 대작전

박선미 • O. Masako 지음

북스톤

# CAREER GROWING

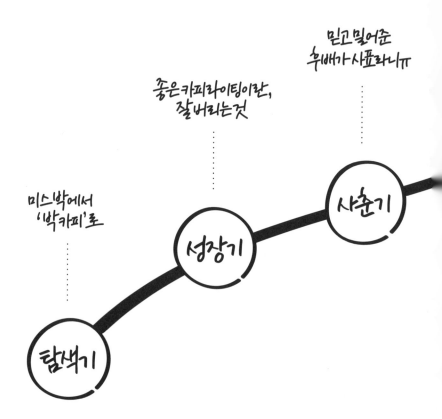

믿고밀어준
후배가사표라니ㅠ

좋은카피라이팅이란,
잘버리는것

미스박에서
'박카피'로

사춘기

성장기

탐색기

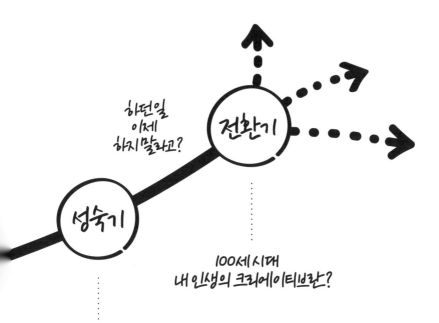

하던일
이제
하지말라고?

전환기

성숙기

100세 시대
내 인생의 크리에이티브란?

여자인 덕분에
여자이기 때문에

# 왜 여성의 '커리어'일까

광고인들은 마음만 맞으면 국경을 넘어서도 친하게 지내곤 합니다. 해외 광고제 심사나 컨퍼런스 등의 행사에서 만나는 경우도 많고, '저 광고 잘 만들었다'는 생각이 들 때면 자연스레 어느 회사의 누가 만들었는지 궁금해하게 되니까요. 제게도 그런 친구들이 있는데, 그중 한 명인 일본 덴츠電通의 크리에이티브 디렉터CD가 하루는 자기네 회사에 저와 매우 비슷한 크리에이터가 있다고 하는 겁니다. 광고 경력과 나이도 비슷하고, 무엇보다 성향과 느낌이 아주 흡사하다면서 '여성 크리에이터다운 스타일'이라고 짧게 덧붙였습니다.

긍정적인 의미인지 아닌지도 궁금했지만 우선 '여성답다' 그리고 '크리에이터답다'는 두 가지 잣대가 더 궁금했습니다.

그냥 '크리에이터답다'고 했다면 자유분방하거나 개성 넘친다거나 쿨하다는 등 광고업계 종사자의 흔한 이미지를 떠올리고 넘어갔을 겁니다. 하지만 '여성'을 앞에 붙이니 왠지 우리를 평범하지 않게 보고 있다는 생각이 들었습니다.

짐작했던 대로 그 여성 크리에이터는 다소곳하지도 않고, 일본인 특유의 혼네와 다테마에(本音と建前, 겉으로 보이는 말과 행동이 본심과는 다른 것)가 전혀 없으며, 일할 때도 예스, 노가 확실하고 자기주장이 강하다고 했습니다. 말하자면 친구가 말한 '여성+크리에이터'라는 조합에는 강한 근성이 기본적으로 포함되어 있었던 것입니다. 여성 크리에이터에 대한 이미지가 아마도 그런 것 같습니다.

그리고 3년 전, 그 여성 크리에이터가 모 광고단체 세미나에 스피커로 초대돼 한국을 방문했습니다. 마침내 인사를 나눈 우리는 명동의 한국식 횟집에서 따로 만나 막걸리에 매운 고등어찜을 나눠먹으며 서로가 어떻게 닮았는지 알아내고자 했습니다. 우리는 그 후 친구가 되어 회사 사보에 대담을 싣기도 했고, 해외 광고제나 세미나에 추천도 해주고, 사적으로도 연락하면서 쭉 서로를 응원하고 있습니다.

저는 한국 광고회사인 대홍에서, 그는 일본 광고회사 덴츠에서 일합니다. 두 사람 모두 카피라이터로 광고계에 발을 들였고 지금까지 광고 일을 하고 있습니다. 둘 다 중년이지만 전혀 철들지 않았습니다. 아마 이것이 오랫동안 광고 일을 하는 에너지가 된 듯합니다.

이제부터 할 이야기는 우리 두 명의 크리에이터 이야기입니다. 현장에서 어떻게 일해왔는지, 성차별이 존재했던 시절 어떻게 전문영역에서 실력을 발휘했는지 솔직한 이야기를 담았습니다. 다소 세대 차가 날 수도 있지만 그때와 지금이 얼마나 달라졌는지 생각하며 읽는다면 더 재미있을 겁니다. '그야말로 지금 세대'인 밀레니얼과는 어떻게 일하고 있는지도 격의없이 이야기해보려 합니다. 나아가 앞으로 어떻게 일하고 싶은지, '여성 크리에이터'인 우리의 목표는 무엇인지도 말입니다.

## 한국과 일본, 서로 닮은 크리에이터

연구에 따르면 한국인과 일본인은 형제군으로 분류될 만큼 유전적으로 가깝습니다. 그만큼 비슷한 면이 많다는 뜻이죠. 하지만 다른 부분은 그보다 훨씬 많습니다. 두 나라가 생산하는 다양한 콘텐츠만 봐도 아이디어 발상이나 표현방식의 차이가 두드러집니다. 일본 오락 프로그램을 본 적 있다면 특히 공감하실 텐데요. 유머코드는 물론이고 성을 대하는 태도도 확연히 다릅니다. 문화적 배경에서 오는 가치관이나 정서 차이가 콘텐츠에도 반영된 거죠. 이 같은 차이 덕분에 두 나라가 서로에게 매력을 느끼는 것 같습니다. 일본인들은 한국의 열정적인 K문화에 열광하고 한국인은 일본의 단아함과 디테일한 감성에 끌린다고 할까요.

이렇게 배경도 다르고 환경도 다른데, 크리에이터들의 사고방식과 업무방식에는 어떤 차이가 있을까요? 광고 크리에이터라는 공통점을 가진 우리 둘은 어떻게 커리어를 성장시켜 왔을까요?

광고는 그 시대 트렌드가 담긴 대표적인 콘텐츠입니다. 사람들의 인식을 변화시키기도 하고 새로운 트렌드를 만들어내기도 하죠. 파급력도 매우 강합니다. 캠페인에 사회문화적 이슈가 담기는 이유입니다.

우리는 언젠가 이런 이야기를 나눴습니다. 좋은 광고 캠페인을 만드는 것도 여성 광고인의 일이지만, 직업의 영역을 넘어 편견으로 가득 찬 세상을 변화시키는 데 한몫할 수 있다면 더 좋겠다고 말입니다. 그것을 위한 우리의 첫 번째 역할은 한창 일하고 있는 여성 크리에이터들의 성장에 작은 보탬이 되는 것이라 생각했습니다. 한 명보다는 두 명, 한 나라보다 두 나라의 여성 크리에이터가 만나면 울림이 더 커질 것이라고 뜻을 모았고요.

세상에는 다양한 크리에이터가 존재하고, 실력 있는 여성 크리에이터들도 많습니다. 하지만 조직에서 일하는 한 누구나 자신과의 싸움은 물론 편견이나 불평, 다른 사람과의 갈등처럼 크리에이티브 외의 고난을 견뎌야 합니다. 특히 여성 크리에이터라면 독립된 인간으로서의 개성, 여자로서의 본성, 크리에이터로서의 야성을 잘 버무려가며 새로움에 도전해야 하는 과제가 주어집니다. 우리가 각자의 위치에서 그랬던 것처럼 말입니다.

이 책은 우리가 30년 가까이 여성 크리에이터로 살아오면서 성장시켜온 커리어 일기입니다. 여러 주제 가운데서도 특히 커리어에 집중하기로 한 데에는 이유가 있습니다. 페미니즘과 여성 리더십에 대한 이야기도 중요하지만 자칫 이론에 그칠 위험이 있습니다. 진부하거나 지루해질 수 있다는 거죠. 오늘날 실질적으로 여성 크리에이터들에게 필요한 것은 '크리에이터'로서의 현실적인 커리어 관리가 아닐까 생각합니다. 여성이 커리어십career-ship을 관리한다는 것은 곧 조직과 사회 안에서 일하는 사람으로서, 그리고 여성으로서 존재감을 만들고 자기답게 일하기 위한 성장 스토리입니다. 이것이 밀레니얼이나 Z세대가 보기에 어쩌면 "라떼는 말이야~"처럼 들릴지도 모를 우리 이야기를 쓰게 된 이유입니다. 우리가 어떻게 성장했는지, 무엇에 부딪혔고 어떻게 헤쳐 나갔는지, 그 시대의 차별은 무엇이었고 이 시대에는 어떻게 나아가고자 하는지를 썼습니다.

　살아 있는 크리에이티브 현장, 그리고 나다움을 창조하는 여성. 이 두 가지를 기반으로, 크리에이터로 성장하고자 하는 여성들에게 이정표를 보여주고 싶었습니다. 우리의 이야기, 우리의 커리어만이 정답이라 할 수는 없겠지만, 여성 롤모델이 부족한 시대에 조금이나마 도움이 된다면 기쁘겠습니다.

# 더 많은 여성 크리에이터가 필요하다

광고 콘텐츠 산업은 세계적으로 중요한 비즈니스 중 하나입니다. 아시다시피 글로벌 IT기업 구글의 주 수익원도 광고일 정도니까요.

광고의 핵심은 '아이디어 창출 작업'입니다. 그것을 다루는 사람이 바로 '크리에이터'들이고요. 이들이 만들어내는 기발하고 흥미로운 아이디어는 소비자와 만나는 마케팅의 최전선에서 브랜드의 가치를 돋보이게 하고 수익이 나게 합니다.

이렇게 멋져 보이는 직업이지만, 크리에이티브라는 일이 생각보다 만만치 않다는 게 문제입니다. 광고인들은 농담 반 진담 반으로 3D업종이라 말하기도 합니다. 농담이라고만 하기 어려운 게, 실제로 영국에서는 20여 년 전, 광고를 포함한 디자인, 영화, 패션, 방송 등 13가지 핵심 산업을 창의산업으로 지정하면서 '창의노동'이라는 개념을 제시했는데요. 창의성에 노동을 결합하다니, 동서양을 막론하고 광고는 힘든 일이 맞나 봅니다.

이 힘든 일을 많은 여성들이 희망합니다. 여러 이유가 있을 텐데, 광고를 포함한 콘텐츠 산업이 예전부터 남녀차별이 그나마 적은 편이었다는 것도 한 가지일 겁니다. 성별을 불문하고 오직 아이디어로 승부한다는 기준이 있기 때문입니다. 특히 카피라이터는 글을 기본으로 하므로 여성이 승부를 걸기에 멋진 직업이죠.

그럼에도 많은 통계에 따르면 2000년대 중반까지만 해도 국내외 광고회사 모두 크리에이티브 부문의 여성인력은 현저히 적었고, 특히 우리나라에서는 주요 의사결정권자의 남녀 비율 격차가 더욱 커서 조직 차원의 성차별 요소를 배제하기 어렵다고 합니다.* 많은 여성이 선망하는 일이지만 여전히 유리천장이 존재한다는 의미일까요?

● 김봉현·이화자, 〈광고업계 여성인력의 현황과 활성화 방안〉, 한국언론학회 세미나, 77-105p, 2004.

# 여성이 광고 크리에이터가 되어야 하는 이유

여성에게 광고 크리에이터라는 직업이 매력적인 이유는 앞서 말한 바 있습니다만, 다른 이유도 있습니다. 이 세상에 존재하는 소비재와 상품을 상당 부분 여성들이 구매한다는 사실입니다. 물론 최근에는 개인의 취향이 다양해져서 남성들이 직접 구매하는 경우가 늘고 있지만, 한 은행의 자료에 따르면 30~40대 맞벌이 가구 중 63.6%는 여전히 여성이 자산을 관리하고 가정 내 구매결정권 또한 여성이 쥐고 있다고 합니다. 쉬코노미She+economy라는 신조어에서 엿볼 수 있는 것처럼 여성은 분야를 망라하고 소비를 주도하는 집단입니다. 나를 위해서도 사지만 가족을 위해서도 사기 때문에 자주, 많이 살 수밖에 없습니다.

이러한 여성 소비자의 마음과 감성을 빨아들일 요소를 족집게처럼 집어내고 그것을 매력적인 크리에이티브로 만드는 일이니 여성이 마음껏 능력을 발휘할 수 있는 거지요. 공감을 만드는 능력이라 할까요. 공감이야말로 대부분의 여성이 정말 잘하는 것이고요.

여기에 한 가지 이유를 더하고 싶습니다. 여성의 강인함 때문입니다. 알리바바의 마윈 회장은 이를 '희생능력'이라 표현하더군요. 중국 최대 전자상거래 기업인 알리바바는 직원의 절반가량이 여성인 것으로 유명한데요. 유튜브에서 마윈 회장의 인터뷰 영상을 인상 깊게 본 적이 있습니다. 인사 철학, 특히 여성 인재에 대한 내용이었는데, 유독 기억에 남는 말은 이 문장이었습니다.

"지난 세기는 힘으로 싸웠지만, 21세기는 힘이 아닌 지혜가 경쟁의 핵심입니다The last century, people compete because of muscle, not this century it's the wisdom."

마윈 회장은 기업이 경쟁에서 이기려면 IQ가 필요하고 성공하려면 EQ가 높아야 하며, 존경받으려면 LQLove quotient, 즉 '사랑 지수'가 높아야 한다고 말했습니다. 여성이야말로 이 세 가지 요소의 균형을 잘 맞춘 존재이므로 회사의 성장에 큰 도움을 줄 수 있다는 것입니다. 또한 자신이 사랑하는 일에 기꺼이 희생정신을 발휘해 끝까지 완수해내는 여성을 많이 보았다고도 했습니다.

제가 30년 가까이 회사에서 일하고 있다고 하면 대부분 '센 여자'라는 편견으로 바라봅니다. 하지만 마윈 회장의 관점대로라면 저는 '내가 사랑하는 일을 끝까지 추진하는 희생정신 있는 인재'인 것입니다. 여성에 대한 새로운 관점을 가진 리더로서 그가 존경스러워지는 대목이었습니다.

사랑하는 일을 끝까지 추진하는 능력을 앞서 말한 창의적 노동이라는 개념과 조합해봅니다. 광고는 남녀 할 것 없이 체력적으로나 정신적으로나 힘든 직종인데요. 나인 투 식스9 to 6를 파괴한다는 점, 즉 하루 일과시간 내에 업무가 끝나지 않는다는 이유가 첫손에 꼽힙니다. 누가 시키는 대로 하는 일이 아니라 나의 크리에이티브를 발현하기 위해 책임감과 자존심을 걸어야 하기 때문입니다.

프로젝트에 내 자존심이 걸려 있기 때문에 밤샘 작업도 밥 먹듯 하고 팀워크를 위해 나만의 리더십도 발휘해야 하고 무쇠 같은 클라이언트도 설득해야 합니다. 그만큼 광고 크리에이터라는 직업은 신념이 있어야 하고, 좋아하지 않으면 지속적으로 하기 어렵습니다. 사랑하는 일에 기꺼이 헌신하는 능력이 필요하다는 이야기입니다. 일하는 여성들의 강인함이 여기서 나온다고 생각합니다. 마윈 회장이 만난 여성 인재들처럼 말입니다.

## 여성의 눈으로 바라보면 세상은 더 달라진다

저는 덧붙여, 가장 중요한 이유 하나를 강조하고 싶습니다. 앞으로 이 세상에는 여성의 관점으로 새롭게 펼쳐나가야 할 크리에이티브가 많다는 사실입니다.

이는 바꿔 말하면 이제껏 남성의 관점으로 전개된 광고

들이 많았다는 의미입니다. 데이비드 오길비David Ogilvy, 네오 버넷Leo N. Burnett, 윌리엄 번벅William Bernbach, 제임스 웹 영James Webb Young까지. 우리가 존경하는 광고계의 거장들은 모두 남자였습니다. 콘텐츠 영역까지 범위를 넓혀봐도 마찬가지입니다. 월트 디즈니, 마크 트웨인, 유니버설의 모리타 아키오盛田昭夫, 소니의 칼 레믈Carl Laemmle 등 널리 알려진 콘텐츠 제작자들도 남자였습니다.

혹시 〈매드맨〉이라는 드라마 아시나요? 1960년대 뉴욕 맨해튼의 광고회사를 배경으로 한 드라마입니다. 일본 광고인들의 이야기를 다룬 〈시마 과장〉이라는 만화는 한국에도 친숙합니다. 이 두 콘텐츠만 보아도 클라이언트는 물론 광고 회사의 의사결정권자나 대표이사들은 대부분 남성이고, 여성은 타이피스트나 비서, 아니면 성적인 대상으로 나옵니다. 드라마 〈매드맨〉에서는 '페기'라는 비서가 최초의 여성 카피라이터가 되는 에피소드가 나오기는 하지만 상대적으로 여성 인물의 비중은 크지 않습니다. 동서양 불문 마케팅 커뮤니케이션은 마초적인 남성 사회가 만들어온 것이 사실인 듯합니다.

저는 왜 이런 이야기에 여성은 없을까 항상 의아했습니다. 개인적인 호기심에 찾아보니 1880년 여성으로서는 최초로 광고회사 사장이 된 메틸드 웨일Mathilde. C. Weil과 1908년

JWT에서 첫 번째 여성 카피라이터가 되어 P&G와 적십자 캠페인을 이끌었던 헬렌 리저Helen Landowne Resor, 1926년 여성 최초의 아트디렉터였던 블랙에이전시Black agency의 네다 맥그래스Nedda McGrath 같은 사람들이 있더군요. 이들의 훌륭한 업적과 다채로운 이야기가 왜 광고업계에 알려지지 않았을까요.

오랜 기간 광고계의 커뮤니케이션이 남성 중심으로 돌아갔기 때문입니다. 이제는 여성이 새로운 커뮤니케이션의 길을 열어줄 때가 왔다고 생각합니다. 변화는 이미 시작되었습니다. 세계 3대 광고제 중 으뜸인 칸Cannes 광고제에서는 2015년 글래스Glass 부문이 신설되었는데요. 양성평등을 이루겠다는 취지로, 마케팅 커뮤니케이션에서 성 역할을 올바르게 표현한 작품을 선정합니다. 첫 해 PR부문에서는 P&G의 브랜드 '올웨이즈Always'가 그랑프리를 가져갔습니다. 이들이 진행한 '#라이크 어 걸#Likeagirl' 캠페인은 '여자아이처럼'이라는 말에 은근히 담긴 '여성은 자신감 없이 소극적으로 행동한다'는 고정관념을 '여성스럽다는 것은 스스로 최선을 다하는 것'이라는 개념으로 바꾸려는 시도였습니다. P&G의 세제 아리엘Ariel의 '#셰어 더 로드#Sharethelord'나 SK II의 '#체인지 데스티니#changedestiny' 캠페인 또한 집안일과 결혼에 대한 편견을 변화시키고자 노력한 좋은 사례입니다.

최근에는 양성평등을 위한 커뮤니케이션이 더 활발해졌습니다. 브랜드가 사회 이슈에 적극적으로 동참하여 실제 변화를 만드는 데 기여하는 것입니다. 브랜드 액티비즘Brand Activism이라 하죠. 2019년 칸 글래스 부문 그랑프리를 차지한 '더 라스트 에버 이슈The last ever issue'는 폴란드의 3개 기업 연합(가제타, 마스터카드, BNP 파리바 그룹)이 27년간 발행된 폴란드 포르노 잡지 〈유어 위크엔드Your Weekend〉를 인수해 바로 폐간해버린 캠페인입니다. 남성들의 왜곡된 성 인식을 바로잡기 위한 시도였죠. PR부문에서 그랑프리를 받은 독일의 여성 스타트업 회사The Female Company가 만든 '탐폰 북'도 주목할 만합니다. 독일에서는 여성 생리용품을 사치품이라 규정해 19%의 높은 세금을 매기는데, 이 탐폰을 책으로 만들어 판매한 것입니다. 책에는 세금이 7%만 붙거든요. 여성 정치인들과 인플루언서들이 활발히 동참했고, 결국 남성 정치인들이 의회를 장악했던 시절(1963년)에 만든 법을 깨부수는 데 성공했죠.

이러한 캠페인이 가능했던 것은 여성에 대한 인식이 바뀌었다는 점도 한몫했지만, 무엇보다도 여성들의 참여 덕분이라고 생각합니다. 여성 콘텐츠 크리에이터들이 앞으로 사회 변화를 위해 어떤 도전을 해야 하는지, 할 수 있는지 힌트를 줬다 하겠습니다.

세상에는 여성의 눈으로 바라보고 바꿔야 할 것들이 아직도 많습니다. 특히 광고처럼 사회와 사람들에게 큰 영향을 미치는 콘텐츠라면 더욱 그렇습니다. 여성의 목소리로 여성을 이야기하는 여성 광고 크리에이터가 더 많이 필요한 이유입니다.

## 3부 사춘기

### 크리에이터로는 여기까지?

## 4부 성숙기

### 크리에이터의 존재감 덜어내기

## 5부 전환기

### 리더의 존재감 심기

# 1부

# 탐색기

### 크리에이터, 내가 좋아하는 일

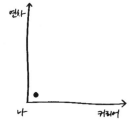

# 낯설거나 날것이거나

∨

크리에이터 : 내가 좋아하는 일

많은 크리에이터들이 어렵게 입사해놓고는 1년이 되기도 전에 사표를 냅니다. 이유를 물어보면, 막상 일을 해보니 적성에 맞지 않아서라고 합니다. 사실 우리나라 교육현실상, 내 적성이 무엇인지 학창 시절에 정확히 알아내기란 쉽지 않죠. 즐거운 일을 찾기란 더욱 어렵고요. 그래서인지 사람들을 즐겁게 해주는 콘텐츠를 만든다고 하면 매력적인 직업 같고 일단 취업만 하면 나도 평생 즐겁게 일할 수 있을 거라 생각합니다. 하지만, 직업으로서 마주하는 콘텐츠는 이상과 매우 다릅니다. 크리에이티브를 업으로 삼는다는 것은 생각보다 많이 힘겹습니다.

## 미스 박에서 '박 카피'로

영화 〈그녀Her〉에는 "과거란 자신에게 들려주는 이야기"라는 대사가 나옵니다. 4차 산업혁명 시대에 수십 년이나 지난 제 과거를 돌아보는 게 무슨 의미가 있을까 싶기도 하지만, 경험의 시작을 돌이켜보는 것은 업의 본질을 살펴보기에 좋다고 생각합니다. 근본적인 매력을 거꾸로 캐보는 기회이기도 하고, 무엇보다 본질은 시간이 얼마나 지났건 결국 통하기 마련이니까요. 그래서 첫 장을 저의 과거, 저의 처음으로 열어보려고 합니다.

제가 광고계에 발을 들였던 1990년대 초는 우리나라 경제가 호화찬란했던 시기였습니다. 1980년대 후반부터 시동이 걸린 경제 호황의 후광을 입어 1990년대 중반까지 광고산업은 계속 상승곡선을 그렸고, 광고회사는 누구나 들어가고 싶어 했던 직장이었습니다. 여성 카피라이터가 전문직을 대표하는 TV광고의 주인공이 되기도 했고, 남자 AE(Account Executive, 광고기획자)가 잘나가는 신랑감 후보로 잡지 화보에 등장하기도 했으니까요. 그뿐 아닙니다. 광고비 좀 쓴다 하는 클라이언트들은 아예 자체적으로 광고회사(인하우스 에이전시)를 만들었고, 크고 작은 광고회사들도 우후죽순 생겨났으니 마음만 먹으면 취직도 그리 어렵지 않았습니다.

시대 분위기가 이렇다 보니, 대중문화 전성기라 할 만큼 다양한 콘텐츠들이 화려하게 등장했고, 한국 드라마가 중국에 진출하더니 영화와 대중가요로 한류가 확장되었습니다. 그 유명한 '서태지와 아이들'이 〈난 알아요〉라는 신기한 노래로 한국어 랩을 알렸고, 1990년대 후반까지 룰라, DJ.DOC, 핑클, H.O.T. 등 케이팝의 원조들이 줄줄이 탄생했습니다. TV광고 중에서도 이런 연예인들을 모델로 기용한 화려한 콘텐츠가 많았습니다.

그러나 오해는 마세요. 제가 이런 시대의 흐름을 읽고 광고회사에 들어가기로 결심한 것은 전혀 아닙니다. 사실 저는 대학을 졸업한 후에도 제 적성이 무엇인지 몰랐습니다. 4년 내내 고삐 풀린 망아지처럼 친구들과 어울려 놀며 연애학에만 집중하다 철 안 든 성인이 되었고, 그 상태 그대로 졸업까지 해버렸습니다. 내가 뭘 잘하고 뭘 좋아하는지도 모른 채로요. 간혹 소개팅 상대가 물어보면 독서나 영화감상이라고 답하는 게 고작 제 취미였으니까요. 당연히 광고회사에 들어가야겠다는 생각도 처음부터 하지는 않았습니다.

첫 직장은 외국계 무역회사였습니다. '여자가 취직을 한다면 고급 카펫이 깔린 시내 중심가 고층빌딩에서 도도하게 일해야 한다'는 아버지의 훈수에 등 떠밀려 간 곳이었습니다. 당시 연봉이 국내 대기업보다 훨씬 높았고, 주5일 근무로 주말에는 당연히 쉴 수 있었습니다. 정장을 말끔히 차려 입은 저는 그야말로 그 시대 스테레오 타입의 커리어 우먼처럼 보였죠. 하지만 정작 출근해서 하는 일은 원두커피를 내리고 외국인 팀장님부터 대리님까지 순서대로 다양한 취향의 커피를 대령하고 밤새 들어온 텔렉스(일종의 전신 서비스로, 팩시밀리가 보급되기 이전의 문자통신 수단이었습니다)를 취합해 분류하는 것이었습니다. 함께 입사한 남자 동기는 첫날부터 대리님의 업무 보조를 맡아 클라이언트 미팅에도 참여하는데 말입니다. 외국계 회사는 남녀차별이 없을 것 같지만, 현지화되면 국내회사와 똑같아진다는 사실을 실감했던 순간이었습니다.

문제는 또 있었습니다. 제 담당이었던 수출입 물건 수량체크, 선적 날짜 확인, 경비 및 각종 비용 처리까지, 숫자를 계속 들여다봐야 하는 일이 점점 저의 문과 성향과 싸우기 시작한 것입니다. 결국 저는 입사 6개월 만에 사표를 쓰고 말았습니다.

그럼 나는 무슨 일을 해야 할까? 뒤늦게 적성 탐색이 시작됐습니다. 우선 나보다 먼저 사회에 진출한 선배들을 살펴봤습니다. 몇 년씩 재수해가며 언론고시를 패스해 기자나 방송국에 진출한 선배도 많았고, 선생님이 되거나 사법

고시·행정고시를 보는 동기도 제법 있었습니다. 저와 비슷한 방황을 시작한 친구는 같이 대학원에 진학해서 여유를 갖고 천천히 생각해보자고 했지만, 저는 공부보다는 빨리 돈을 벌고 싶었습니다.

그러다 우연히 한 광고회사에 '카피라이터'로 지원하게 되었습니다. 방송국 스크립터 아르바이트를 했던 경험 덕이었죠. 소녀감성으로 끄적거렸던 시간, 연애편지를 쓰면서 쌓은 글 솜씨로 1,2차를 거쳐 마침내 최종면접까지 갔습니다. 그리고 회사 입구에서 스킨헤드에 찢어진 청바지를 입은 남자 직원(알고 보니 광고 프로듀서더군요)과 마주친 순간, 내가 가야 할 길을 그 자리에서 결정해버렸습니다. 사실 그전까지만 해도 과연 내가 이 분야와 맞을까 하는 의심이 있었지만, 만약 오늘 최종면접에서 떨어지면 다른 광고회사에 지원해야겠다는 의지가 생겼을 만큼 그 직원이 남긴 인상은 강렬했습니다. 제멋대로인 옷차림이 전해준 암시라고 할까요. 직원의 개성을 존중해주는 직업이라는 믿음? 물론 꿈보다 해몽이지만요.

당시 제가 가진 광고 지식은 교양과목으로 들은 마케팅 개론 수업 정도였습니다. 하지만 '제작(당시에는 크리에이티브 부서를 제작부서라고 불렀습니다)'이라는 단어에서 풍기는 활동성, 그리고 있어 보이되 의미는 모호한 '카피라이터'라는 직업이 참 멋지게 느껴졌습니다.

물론 회사라는 조직에서 월급 받는 월급쟁이라는 사실은 똑같겠지요. 하지만 돌이켜보면, 청바지를 입고 다니는 이 회사라면 넥타이 부대 사이에서 정해진 규격에 맞춰 일하는 삶이 아니라 내 자유로운 영혼을 그대로 받아주는 삶을 살 수 있지 않을까 하는 기대감이 컸던 것 같습니다. 그래서 저는 1992년 봄, 그렇게 '광고인'이 되어버렸습니다. 무역회사의 '미스 박'이 '박 카피'라는 세련된 호칭으로 불리게 된 순간이었습니다.

## '꺼리'를 찾는 전문가

제 생존을 위한 평생직업(당시에는 평생이 될지 몰랐지만)을 얼렁뚱땅 정한 뒤, 명함에 새긴 '카피라이터'라는 이름에 걸맞게 회사에서 제 몫의 밥값을 해내기까지는 시간이 제법 걸렸습니다.

선배들이 말하기를, 카피라이터는 처음에는 카피(복사)만 잘하면 제 역할을 하는 거라더군요. 그만큼 초보는 카피라이터로서 존재감이 없습니다. 철저히 제 몫을 할 수 있어야 필드에서 카피라이터로서의 일을 맡겨준다는 의미입니다.

입사 후 다양한 선배 카피라이터를 만났습니다. 그들은 온갖 책이란 책은 다 읽고 잡지나 신문기사 등을 스크랩하고 혼자 사색만 하다가 뭔가를 써낸다는 공통점이 있었습니다. 일정한 브리프brief 양식을 지킨다거나 업무에 일정한 논리logic가 있다기보다는, 자기 스타일대로 글을 활용해 아이디어를 전개하고 캠페인의 전체 맥락과 스토리를 세웁니다. 그 맥락의 핵심을 '크리에이티브 컨셉'이라 하고, 거기에서 스토리의 주제가 될 키워드를 뽑아냅니다. 이 키워드가 바로 우리가 '카피'라 부르는 것들입니다.

업무방식이 비교적 자유분방하기 때문인지 크리에이터는 창의성만 있으면 논리적 사고력은 그다지 중요하지 않다고 생각하기 쉽지만, 천만의 말씀입니다. 마케팅 대가 홍성태 교수는 자신의 책 《모든 비즈니스는 브랜딩이다》에서 "크리에이티브는 전략이 리드해야 한다"고 말했습니다. 광고 캠페인의 전략에 해당하는 컨셉을 잡고 그것을 중심으로 핵심 키워드를 뽑는 사람이 바로 카피라이터입니다. 광고 캠페인의 기둥 역할이므로 카피라이터는 단단한 사고력을 기본기로 갖추어야 합니다.

초보 카피라이터는 사고력도 부족하고 말맛을 뽑아내기에는 문장 구사력도 어설프기 때문에 빨리 기본기를 단련하는 것이 중요합니다. 어떤 선배를 사수로 만나느냐에 따라 초반에 실력 차가 벌어지기도 하죠. 하지만 어떤 선배도 '카피는 이렇게 쓰는 거야'라고 직접 가르쳐주지는 못합니다. 마치 창의성을 가르쳐줄 수 없는 것과 같습니다. 초보 카피라이터에게 가장 핵심이 되는 배움은 나와 한 팀이 된 사수와 커뮤니케이션하는 과정에서 카피라이팅을 스스로 탐색하고 직접 익히는 것입니다.

입사 후 저는 40대 초반의 남자 팀장님 팀에 배정되었는데, 운 좋게도 이분이 카피라이터 출신이었습니다. 여자라고는 저 하나뿐인 삭막한 팀이었지만, 팀장님을 제외하면 카피라이터가 없었기에 열심히 하면 팀의 메인 카피라이터가 될 수 있는 좋은 기회라고 발칙한 꿈을 품었습니다.

카피라이팅 훈련은 팀장님이 매일 업무와 관련된 카피 과제를 내주고 다음 날 검사를 받는 식으로 시작했습니다. 팀장님은 제가 쓴 카피를 보고 빨간 펜으로 찍 긋거나 동그라미를 그리고(주로 찍 그어졌습니다) 이건 왜 괜찮고 이건 왜 아닌지 설명해주셨습니다.

제가 쓴 카피가 그대로 광고에 나간 적은 1년이 되도록 한 번도 없었습니다. 팀장님의 동그라미 개수가 늘어나면 그걸로 만족해야 했죠. 어쩌면 나는 평생 초보일 수도 있다는 생각에 눈물로 밤을 지새운 적이 한두 번이 아닙니다. 제작 회의에서 제 카피로 가자고 주장한, 아니 우긴 적도 많습니다. 가끔 선배들이 카피를 칭찬해주면 당장 팀장님께 '이 카피는 대중에게 먹힐 것 같다, 이대로 나가면 어떻겠냐' 고집도 부려봤지만 결국 자기주장 강한 신입사원이라는 딱지만 붙었습니다. 카피라이터 같지 않은 카피라이터 생활이 수개월 이어졌습니다. 그나마 위안이 되었던 것은 대기업에 들어간 친구들의 무색무미 직장생활보다는 내 좌충우돌 생활이 더 자유롭고 개성 있다는 것이었습니다. 제가 입은 청바지처럼요.

그때 저는 몰랐지만, 이 과정에서 저는 어느덧 제 역할을 찾아가고 있었습니다. 빨간 동그라미를 받은 카피의 일부가 팀장님이 완성하는 최종 카피의 재료가 되기도 한다는 사실을 깨닫게 된 거죠. 빨간 동그라미는 천천히 늘어났고, 이것이 채택되고 카피로 완성되는 과정을 보면서 알게 된 것이 있습니다. 카피라이터에게 가장 중요한 역할 중 하나는 새로운 워딩wording, 즉 낱말을 찾는 일이라는 사실이었습니다.

카피라이팅은 1차적으로 '낯선 단어의 발견과 조합'입니다. 전략적 컨셉을 찾은 다음에 카피라이터가 하는 일은 세상에 없는 말을 만들어내는 것이 아닙니다. 사람의 관점에 따라 달리 보이는 단어를 탐색하여 프레임을 짜고 말맛을

완성하는 것입니다. 요리사들이 남들도 쓰는, 원래 있는 재료로 새로운 레시피를 만드는 것과 마찬가지입니다. 말하자면 카피라이터는 언어를 요리하는 파티시에라 할까요.

수년간 경험을 쌓은 광고인들은 숙련되어 있고 브랜드도 잘 알고 있습니다. 하지만 그렇기 때문에 자칫 자기만의 틀에 갇힐 위험이 있죠. 하지만 초보는 반대입니다. 그 브랜드에 매몰되지 않은 관점에서 단어들을 광범위하게 끄집어낼 수 있는 용기 있는 카피라이팅은 초보 때 시작됩니다. 보통 이것을 '참신하다'고 표현합니다. 다듬어지지 않은 관점에서 브랜드 안에 숨은 새로움을 찾아내는 거죠. 기성 광고인이 발견하지 못한 낯선 단어를 찾는 능력은 초보가 가진 가장 큰 무기입니다.

내가 할 수 있는 역할을 깨달은 후부터 저는 재료를 발견하는 역할에 더 열중하기로 결심했습니다. 스스로 초보 크리에이터를 '꺼리를 찾아주는 전문가'라고 정의하고, 이 자체로 의미가 있다고 하루 한 번씩 자신에게 다짐하면서 말입니다. 지금 생각해도 이 개념은 딱 맞는 것 같습니다. 아이디어의 '꺼리'를 찾고, 카피가 될 만한 말의 '꺼리'를 찾는 전문가 말입니다.

X세대 이전의 신세대였던 저는 제 세대의 단어와 관점에서 컨셉을 바라보고 그에 맞는 단어를 찾고 생각의 줄기를

세우려고 노력했습니다. 그 과정에서 광고 카피는 낯선 것에 더 강한 힘이 있다는 확신, 그리고 날것의 단어가 거칠어도 뾰족한 말맛을 만들어낸다는 사실을 깨달았습니다. 그러면서 초보 카피라이터로서 슬슬 밥값을 하기 시작했습니다.

비단 광고만이 아니라 모든 콘텐츠 영역에서 초보 크리에이터의 역할은 바로 이것이라고 생각합니다. 될 만한 '꺼리'의 탐색. 그것도 다양한 관점으로 많이 찾아보는 겁니다. 기성세대의 관점으로는 보지 못하는 사각지대에서 꺼리를 찾는 일. 멋져 보이지는 않지만, 광고 아이디어에서 가장 중요한 것은 이것입니다. 스토리가 있는 크리에이티브는 결국 꺼리의 탐색에서 시작되니까요.

## 함께 일한다는 마음

———————

저의 카피라이터 초년기는 낭만이 밥 먹여주던 시절이었습니다. PD(광고 프로듀서) 선배는 아이디어가 나오지 않을 때면 자꾸 밖으로 나가서 술 한잔 걸치며 회의하자고 팀장님을 조르곤 했습니다. 한 번은 팀 전체가 회사 근처 술집에서 회의를 하다 필이 꽂혀 택시 2대를 대절해 그 자리에서 속초로 달려간 적도 있습니다. 낭만의 시절이었기에 가능한 일이죠.

아무 준비 없이 무작정 바닷가로 가서 밤새 회에 술 한잔 곁들여가며 콘티를 짜고 아침에 다 같이 출근했습니다. 돌아오는 버스 안에서 PD 선배가 흑백 4B연필로 콘티 용지에 영상 아이디어를 한 컷 한 컷 채우고는 카피를 붙여달라고 주문하고, 저와 팀장님은 고속버스 안에서 카피 작업을 하던 일이 지금도 생생하게 기억납니다.

누가 가르쳐주지는 않았지만, 광고 아이디어를 내는 데는 함께 일한다는 마음의 일체감이 중요하다는 것을 저는 팀 분위기 속에 체득했습니다.

광고는 기획에서 카피, 디자이너, PD에 이르기까지 프로젝트를 맡은 모두가 각자 몫의 아이디어를 내되, 궁극적으로는 팀 전체가 머리를 맞대고 하나의 결과물을 완성하는 일입니다. 때문에 함께 일하는 팀원들과의 협업이 가장 중요하고, 그만큼 '케미'가 잘 맞아야 합니다. 나아가 클라이언트나 담당 브랜드, 품목도 나와 합이 잘 맞아야 일에 몰입하기 쉽습니다.

그런데, 속초에서 밤새워 만든 광고는 어떻게 됐냐고요? 당연히 콘티는 바닷가를 배경으로 만들어졌고, 멜랑콜리한 느낌이 강해지는 바람에 클라이언트에게 가기도 전에 사내 리뷰에서 왕창 깨졌던 것으로 기억합니다. 비록 아이디어는 팔리지 않았지만, 모두가 하나 되어 저지른 그날의 모험은 지금까지도 가끔씩 즐거운 추억으로 떠오릅니다.

물론 즐거운 기억만 있는 것은 아닙니다. 초보 카피 시절, 회사에서 친하게 지냈던 여자 디자이너(지금의 아트디렉터) 선배가 있었습니다. 옆 팀 차장님이었던 그분 별명은 '칼잡이'였습니다. 당시는 매킨토시가 도입되기 직전이라 인쇄시안을 만들려면 해외 잡지에서 아이디어 이미지를 찾아 흑백으로 복사하여 칼로 오린 뒤 화판에 레이아웃을 잡고 헤드라인과 바디 카피를 사식으로 앉혀야 했습니다. 비주얼 요소들을 레이아웃에 맞춰 떼었다 붙일 때 선배가 주로 칼을 사용하다 보니 붙은 별명이었죠. 예스와 노가 칼로 자른 듯 분명한 그분의 성격도 별명에 묻어났습니다. 저는 비주얼 중심으로 아이디어를 내는 법, 비주얼과 헤드라인 밸런스에 따라 안정감을 잡는 법 등 시각적인 부분을 이 선배에게서 많이 배웠습니다.

그런데 제가 칼잡이 선배에게 가장 크게 배운 것은 따로 있습니다. 일하다 마주치는 성차별적 상황을 받아치는 센스입니다. 아직 사회에서 일하는 여성 리더가 많지 않았을 때라 클라이언트나 협업하는 회사에서도 여성 전문직에 대한 인식차이가 있었고, 그 때문에 웃지 못할 일도 생기곤 했습니다.

한 번은 클라이언트에 인쇄시안을 보고하러 다녀온 칼잡이 선배가 남자 기획 선배와 다투는 모습을 목격했습니다. 그 클라이언트는 꽤 보수적이었는데, 여자 디자이너를 처음 본 광고담당자가 대뜸 "뭐 하는 여자냐"고 물었답니다. 그러자 기획 선배가 "시안 그리는 여자"라고 황당한 소개를 했다는 겁니다.

칼잡이 선배는 그렇게 소개하는 바람에 디자이너로서 본인의 주장이 안 먹히는 것 같고, 결국 수정해달라는 대로 다 해주게 생겼다며 속상해했습니다. 기획 선배는 클라이언트 눈높이에 맞게 설명하려는 의도였다고 해명했지만, 평소 그 선배가 여자보다 남자와 일하기를 선호한다는 사실은 대부분이 아는 바였습니다. 게다가 남자 디자이너와 숱하게 일해온 클라이언트에게 한 설명이라 보기에는 누가 들어도 어이없는 표현이었습니다.

그래서 어떻게 됐을까요? 칼잡이 선배는 기획 선배를 데리고 회사 전체를 돌면서, 사람들과 마주칠 때마다 그 앞에서 "내가 누구?"라고 묻고 기획 선배에게 "담당 디자이너"라고 큰 소리로 답하도록 시켰습니다. 시트콤 같은 상황을 연출한 덕에 그 일은 웃는 분위기 속에 마무리됐지만 사실 칼잡이 선배는 진지했습니다.

광고의 세계에는 (제가 첫 직장에서 겪은 것 같은) 뚜렷한 남녀의 역할구분이 없습니다. 모든 것은 아이디어 중심으로 돌아갑니다. 그 때문인지 사회초년생 시절 회사에서 남녀차별로 힘들었던 기억이 많지는 않지만, 그럼에도 회사나 클라이언트 가운데 여자와 함께 일하는 걸 낯설어했던 이들이 있었음은 분명합니다. 사석에서 여자 선배들은 모두 저마다 여자로서 당한 차별적 처우나 불쾌한 언행을 몇 개씩은 털어놓곤 했으니까요.

물론 저도 그런 경험이 있지요. 군대를 다녀오지 않았다는 이유로 남자 동기들과 기본 급여부터 차이가 났고요. 클라이언트 보고에서 남자 클라이언트에게 짓궂은 성적 농담을 종종 듣기도 했으며, 다른 사람도 많은데 저를 콕 집어서 들어오라고 했던 느끼한 노총각 클라이언트도 있었습니다. 그뿐인가요. 때로는 회식자리에 불려가서 폭탄주 원샷을 강요당하기도 했고(저는 알코올 분해가 안 되는 체질인데 말이죠), 회식자리에서 일부러 제 쪽으로 담배연기를 후 불던 남자 선배도 있었습니다.

지금 생각하면 공분할 일들이지만, 당시의 저는 누구나 겪는 직장생활의 어려움 중 하나라고 생각했습니다. 팀의 남자 선배들 누구도 제 편에서 막아준 적이 없었기에 이 또한 사회생활의 연장이라 여겼던 것입니다. 남성중심사회에서 대

중의 통념이 그러했고 사회적 분위기 또한 그러했기 때문이었던 듯합니다. 그때에 비하면 지금의 직장문화는 천지개벽한 수준이지만, 이런 일들이 전혀 없다고 단정하기는 아직 어려울 것 같습니다.

## 어떻게 해서든 해냈습니다

제 꿈은 크리에이터가 아니었습니다. 대학에서는 법률을 전
공했고 원래는 변호사가 될 작정이었습니다. 3학년 때는 매
주 논문을 써내느라 대학 세미나와 도서관, 집을 쳇바퀴 돌
듯 하는 1년을 보냈습니다. 그런데 제 논문을 봐주시는 교수
님이 하루는 웃으며 이렇게 말씀하시는 겁니다.

"네 논문은 결론도 좋고 잘 썼어. 그런데 왜 이렇게 재미
있게 쓰려고 노력하지?"

저는 법조계 전문용어가 어렵기 때문에 누구나 이해하기
쉽고 읽기 쉬운 문장으로 바꾸고 싶었을 뿐인데 말입니다.

부지런히 진로 탐색을 하던 중, 선배인 여성 변호사에게
직업에 대해 물을 기회가 생겼습니다. 제가 가장 궁금했던

것은 크게 두 가지. 변호사 업무는 어떤지, 기업 M&A 업무도 할 수 있는지였습니다. 그때 저는 M&A에 관심이 많았거든요. 하지만 돌아온 답은 실망스러웠습니다. '여성 변호사에게는 이혼이나 교통사고 같은 일상 사건밖에 들어오지 않는다'는 것입니다. 그 말에 저는 어쩌면 이 길은 내 길이 아닐지도 모른다는 생각을 하기 시작했습니다. 그러다 친구의 권유로 덴츠의 문을 두드렸고, 어쩌다 보니 크리에이터의 길에 들어서게 되었습니다.

## 여성공채 2기, 겁 없는 신입사원

제가 광고대행사 덴츠에서 일하기 시작한 것은 '리게인 Regain'이라는 에너지 드링크 광고가 주목받던 시절입니다. 리게인의 광고 카피는 "24시간 달릴 수 있습니까24時間戦えますか"로, 24시간 노동을 부추기는 악덕 기업처럼 보일지 모르지만 메시지는 오히려 그 반대였습니다. 일중독에 빠진 일본인을 우스꽝스럽게 비튼 광고였던 것입니다. 열심히 일하면 높은 급여를 받을 수 있었던 버블 시대, 아이들은 이 광고 음악을 흥얼거리고 회식자리에서도 모두가 광고를 흉내 냈으며, 광고 음악만으로 구성된 CD가 60만 장이나 팔렸습니

다. 끝을 모르고 달리는 경제성장과 그런 맹목적인 모습을 비꼬는 광고가 동시에 시대 분위기를 주도했다니 흥미롭죠. 어쨌든 모두가 적극적인 삶을 살던 호시절이었다는 생각도 듭니다.

그 시절 광고는 희망을 만드는 산업이었습니다. '리게인' 이전에도 주류회사나 백화점이 감성 풍부한 CF로 일본인들을 매료시키곤 했습니다. 덴츠 또한 매우 인기 있는 기업이었고, '대학생이 취직하고 싶은 기업' 리스트에서 오랫동안 수위를 다투었습니다.

놀라운 것은, 원래는 남자만 채용하는 회사였다는 사실입니다. 하지만 시대의 요구였다고 할까요? '남녀고용기회균등법'이 생겼고, 여성도 남성과 같은 조건으로 채용해야 한다는 정부지침에 따라 여성도 덴츠에 지원할 수 있게 되었습니다. 제가 대학생 때의 일입니다. 거짓말 같죠? 출판업계나 방송국에는 이미 여성 정직원이 있었는데 광고업계는 시작이 늦었던 겁니다.

이 변화 덕분에 저는 높은 경쟁률을 뚫고 덴츠에 입사할 수 있었습니다. 하지만 입사 동기 중 남자는 130명, 여자는 9명밖에 없었죠. 게다가 여성은 마케팅국이나 크리에이티브국에 배치된다고 정해져 있었습니다. 하지만 저는 어떻게 해서든 PR국에 가고 싶었습니다. 덴츠 PR 국장인 후지오카 와

카오<sub>藤岡 和賀夫</sub> 씨가 집필한 《굿바이 대중: 감성시대를 어떻게 맞이할 것인가さよなら 大衆: 感性時代をどう読むか》라는 마케팅 책에 반했기 때문입니다. 책을 읽고 알게 된 사실인데, 그는 1970 년대 일본 광고 크리에이터들에게 큰 충격을 준 캠페인 '맹렬함에서 아름다움으로モ-レツからビュ-ティフルへ'의 담당 프로듀서이기도 했습니다. 고도성장에 취해 있던 일본인들에게 광고를 통해 '맹렬히 일만 하는 건 허무하다. 좀 더 인간답게 살자'는 메시지를 던진 것입니다. 상품명만 시끄럽게 부각시키는 광고가 즐비하던 시대, 'beautiful'이라 적힌 종이를 들고 긴자 대로를 하염없이 걸어가는 히피 차림 남성의 영상은 학생이었던 제 마음에 강렬하게 남았습니다. 물론 광고업계에서도 후지오카 씨는 이미 록 스타 같은 존재였고요.

그래서 저는 포기하지 않았습니다. "제가 만나보고 싶었던 사람 밑에서 일하고 싶습니다" 하고 신입사원 주제에 건방진 주문(?)을 했죠. 그런데 인사과 직원이 거짓말처럼 그 바람을 들어준 겁니다. 좋은 회사죠?

PR국 업무는 클라이언트의 홍보작업을 기획하고 실행에 옮기는 것입니다. TV나 신문에서 다룰 만한 포인트가 무엇인지를 생각하는 일이 기본입니다. 요즘 말로는 바이럴 작업이라 하면 되겠네요. 언론매체에 보내는 기사 작성부터 시작해 젊은 세대에게 기모노를 입어보게 하는 이벤트, 마이클 잭슨 콘서트 PR, 기업 임원을 대상으로 경제 관련 동영상 매거진을 제작해 구독을 유도하는 기획 등 갖가지 일을 거쳤습니다. 타깃 연령이나 성별을 가리지 않고 다양한 캠페인을 담당했습니다.

그중에서도 지금까지 기억에 남는 일은 축구선수 미셸 플라티니Michel Platini와 함께한 프로젝트입니다. 프랑스에서 활약했던 유명 선수로, 필드에서 게임을 지휘하는 스타일 덕에 '장군'이라는 별명이 있었습니다. 당시 저는 '마약 각성제 남용 방지센터'라는 정부단체 클라이언트의 새로운 PR 기획을 하고 있었는데, 하루는 제 뒷자리 선배가 플라티니 선수가 프랑스에 마약중독자 갱생 시설을 세웠다는 말을 하는 것입니다. 이 말에 아이디어를 얻어 그를 일본에 초청해 이벤트에 참여시키자고 제안했더니 아뿔싸, 덜컥 채택되고 말았습니다. 이제 꼼짝없이 플라티니 선수를 섭외해야 했죠. 당시에는 아직 이메일이 없어 팩스로 연락을 주고받았는데, 프랑스와 일본은 시차가 8시간이라 매일 밤늦은 시각까지 일했던 기억이 납니다.

마침내 플라티니 선수가 일본에 방문했습니다. 저는 저대로 이벤트 진행과 후원회 업무로 정신이 없었죠. 그런데 엎친 데 덮친 격으로, 덴츠 사내 제작팀이 '(마약을) 걷어차는 용기'라는 카피를 넣어 포스터를 제작하고 싶다며 저더러 플라티니에게 기획안을 프레젠테이션하고 컨펌을 받아오라는 겁니다. 컨펌을 받으면 그걸로 끝나는 게 아니라 촬영 현장에서 통역까지 맡아야 했습니다. 정말 정신없이 바빴습니다. 하지만 모든 것이 새롭고 뿌듯해서, 촬영 자료를 품에 안고 설레는 마음으로 촬영장 구석에서 지켜봤던 기억이 생생합니다.

그런데 이제 좀 정리됐나 싶을 무렵, 갑자기 '장군 플라티니'가 일본 TV 방송에 출연하고 싶다는 겁니다. 폭탄처럼 터져 나오는 과제에 마치 장애물 달리기를 하는 기분이었습니다. 방송국에 있는 학교 선배와 지인에게 닥치는 대로 전화를 돌려 "플라티니 선수를 출연시켜 달라, 출연료는 필요 없다"고 제안해 결국 도쿄 지역 5개 방송국 메인 프로그램에 출연시키는 데 성공했습니다.

지금 생각하면 어떻게 그럴 수 있었나 싶습니다. 전화해서 다짜고짜 "TV에 출연시켜 달라"니 말입니다. 하지만 당시에는 부끄럽다, 거절당하면 어떡하나 같은 생각은 머릿속에 아예 없었습니다. 안 되면 다른 방법을 써야겠다는 집념뿐이었죠. 돌아보니 다른 건 몰라도 일에서만큼은 물불 가리지 않는 패기가 있었던 것 같습니다. 그 시절의 저를 만나보고 싶네요(웃음).

마약 근절 캠페인은 성공적으로 끝났습니다. 하지만 플라티니와의 인연은 끝나지 않았습니다. 고맙게도 '장군'은 제게 "내 은퇴 경기에 광고를 낼 후원자를 찾아달라", "방송국 방영권을 판매해달라" 등의 의뢰를 계속 했습니다. PR국 상사에게 보고했더니, 스포츠 전담인 스포츠 사무국에 일을 넘기고 본래 업무로 돌아가라는 명령이 떨어졌습니다. 싫으면 사표를 쓰라는 강경한 말까지 함께였습니다. 하지만 플라티니 선수 측은 "마사코 씨니까 맡기려고 한 것이다. 다른 사람에게 넘길 거라면 경쟁사에 의뢰하겠다"고 나오는 것 아닙니까. 정말 울고 싶었습니다.

다른 회사에 일을 빼앗기는 것도 싫었습니다. 하지만 무엇보다도, 20대 초반의 풋내기 사원(심지어 그 당시에는 몇 없었던 여성 사원)을 이렇게까지 신뢰해준 그 믿음을 배신하고 싶지 않았습니다.

그래서 저는 스포츠국 경험이 많은 선배에게 어떻게 하면 일반 PR 업무를 하면서 후원자를 받을 수 있을지, 방영권을 판매할 수 있는지 조언을 듣고 움직였습니다. 밤에는 플라티니 측과 협의를 이어갔고요.

어떻게 되었냐고요? 결국 전 세계에서 단 8개 기업만 차지할 수 있는 축구장 광고 자리에 무려 두 곳의 일본기업이 배너 광고를 내게 되었습니다. 축구 경기에서 맥도날드나 하이

네켄 로고를 보신 적 있죠? 바로 그런 광고입니다. 일본 방송국 니혼테레비에 방영권도 판매했고요. 플라티니 측에도 도움이 됐고 덴츠에서도 수익이 나서 다행히(?) 저는 해고되지 않았습니다.

당시 업무를 함께 진행했던 사람들과 오랜만에 만난 자리에서 "입사한 지 얼마 되지 않은 여성 사원이 거액이 오가는 일을 두려움 없이 해내는 모습이 대단했다"는 이야기를 듣기도 했는데요, 무척 쑥스러웠습니다. 저는 거창한 능력이나 요령이 있는 사람은 아닙니다. 다만 어떻게 하면 도움을 줄 수 있을지만 생각하고 달렸던 것 같습니다.

플라티니 선수와 일하며 또 한 가지 배운 것이 있습니다. 그가 일본에 머문 기간은 1주일 남짓이었는데, 그 짧은 기간에 저를 축구팬으로 거듭나게 해준 것입니다. 1974년 월드컵 준결승 네덜란드 대 브라질 전에서 요한 크루이프 선수가 넣은 하늘을 나는 듯한 발리슛, 1985년 도요타 컵에서 자신이 넣은 환상적인 골이 무효 처리되자 항의의 뜻으로 그라운드에 드러누운 일(굉장히 유명한 일화니 주변 축구팬에게 물어보세요)···. 저는 그가 들려준 12개 경기의 비디오테이프를 모두 시청했고, 축구에 문외한이던 제가 그날로 열성팬이 되었습니다. 1998년 월드컵부터는 개최국에 직접 방문해 관전했고, 2002년 한일 월드컵 때에는 서울, 대구, 수원에서 민

박집에 묵으며 주인 가족과 소주를 마시고 한국인 응원단과 함께 '대한민국'을 외쳤던 경험이 좋은 추억으로 남아 있답니다. 제 업무에도 축구가 깊이 관여하게 되었음은 물론입니다. 축구와 관련된 일이라면 뭐든 제가 맡아서 할 정도였으니까요.

이처럼 광고 외 커뮤니케이션 경험을 쌓을 수 있는 곳이 바로 PR국이었습니다. 광고 초보에 사회초년생이던 저는 그곳에서 다양한 이벤트와 홍보 경험을 쌓았습니다. 아울러 기획팀과 스포츠국 등 다른 팀 선배들에게도 많은 것을 배웠던 시기입니다.

## 어쩌다 크리에이터

덴츠와 법조계는 닮은 점이 있습니다. 둘 다 여성이 별로 없다는 겁니다. 저는 마침 덴츠가 여성에게 기회의 문을 열어준 시점에 운 좋게 입사할 수 있었지요. 입사 전, 덴츠에 근무하던 선배들에게 업무가 어떤지 물어보니 '지금까지 여성이 없었던 만큼 네가 새로운 시도를 할 기회가 생기지 않겠느냐'는 답이 돌아왔습니다. 저보다 먼저 입사한 여성 선배들도 '서로 조심하는 부분은 있지만 자유로운 분위기에서 일할 수 있도록 배려해주고 있다'고 답해주었습니다. 남녀가 이제 막 동등한 위치에서 일하기 시작했으니 회사 내 누구라도 조마조마하게 지내는 긴장감은 있었던 겁니다. 어차피 여성이 적은 것은 법조계나 광고계나 마찬가지. 다만 전례가 없다는 것이 차이겠지요. 제가 변호사 대신 광고인이 되기로 결심한 이유이기도 합니다. 기왕이면 좀 더 모험을 할 수 있는 쪽을 선택한 거죠.

그렇게 입사한 덴츠 PR국에서 저는 다양한 경험을 하며 행복한 나날을 보냈습니다. 하지만 한편으로는 '남이 만든 무언가를 알리는 것도 좋지만, 스스로 고생해서 만들어낸 것으로 남들을 즐겁게 하고 감동을 줄 수 있다면 얼마나 좋을까' 하는 마음이 꿈틀거리기 시작했습니다.

그런데 딱 그 시점에 제작국의 가가미 아키라 씨가 이런 제안을 해온 것입니다. 가가미 씨는 저와 프로젝트를 같이 한 인연이 있는데, 덴츠에서뿐 아니라 세계적으로도 유명한 CD였습니다.

"마사코 씨 좀 특이하다. 제작국에 와서 카피라이터를 해보면 좋을 것 같은데, 어때?"

이 한마디가 도화선이 되어 저는 방향을 틀게 됩니다. 저는 확고한 꿈을 좇기보다는 그때그때 흐름에 인생을 맡기는 타입인 것 같습니다.

　제작국은 덴츠에서도 인기 있는 부서입니다. 다른 부서 사람이 카피라이터가 되기 위해서는 부서이동 시험을 봐야 했는데요, 카피나 짧은 글을 쓰는 시험을 보고 무사히 합격! 상사가 반대하는 바람에 실제 팀 이동까지는 1년을 기다려야 했지만요. 마침내 제작국에 발령받았을 때 제 나이는 28세. 대학을 갓 졸업한 신입사원들 사이에 혼자 어색하고 불편하게 앉아 있었던 기억이 지금도 생생합니다.

　신입사원에게는 한 명씩 선배 사수가 붙는데, 신입이 아닌 저에게는 사수도 없었습니다. 시험에 붙을 정도니 카피 쓸 능력은 당연히 있다고 생각한 모양입니다. 자, 이제 큰일 났습니다. 대학도 법률 전공이라 문외한이고 카피라이팅 훈련은 받은 적도 없는데요! 예전에 부서를 이동했던 사람들이나 신입사원들은 전문학교의 카피라이터 양성 강좌에 다니기도 했다는데 저는 그런 곳이 있는지조차 몰랐습니다. 시험 볼 때 썼던 카피나 글도 뇌를 남김없이 쥐어짜낸 결과물인 데다, 도대체 어떤 부분에서 좋은 평가를 받았는지도 전혀 알지 못하는 상황이었습니다.

　그 결과, 첫 두 달은 전혀 일이 없었습니다. 저는 《카피 연감》이라는 책을 한 페이지씩 넘겨가며 눈에 띄는 카피를 베껴 쓰면서 하루하루를 보냈습니다. 《카피 연감》은 그 해의

광고 명작만을 수록해서 매년 발행하는 두꺼운 책인데요,
일본 카피라이터들은 이 책을 베껴 쓰는 작업을 '사경寫經'
이라 부릅니다(원래는 불교 경전을 필사하는 작업을 뜻합니다).
15년 치를 사경한 뒤에는 일본 광고 명작을 모아놓은 비디
오테이프(당시에는 구글 검색이 없었으니까요)를 시청했습니다.
금욕생활 같은 하루하루. 마치 수도승 같았습니다.

 기본적으로 저는 즐거운 것을 좋아하는 성격이지만, 무
언가를 처음 시작할 때는 신중한 자세로 좋은 사례를 보고
그 프레임을 배우려고 합니다. 요령 있는 편이 아니기 때문
에 한 번 보고 따라 하기보다는 세부적인 것부터 차근차근
분석하는 것이 제게는 무엇보다 중요합니다. 재미있는 광고
를 보고 단순히 '재미있다'로 끝나는 것이 아니라 '그 아이
디어가 왜 재미있는지'를 알아내야 한다고 생각했습니다. 정
말 힘든 작업이었지만, 그때 고생한 덕분에 모든 현상을 바
라보는 제 기준을 만들 수 있었습니다. 지금도 '어떤 부분에
○○○했는가'라는 문장이 있다면 '공감했는가, 재미있어했는
가, 슬퍼했는가' 등을 대입해봅니다. 말하자면 저는 일이 없
던 그 시절 일종의 두뇌 트레이닝을 했던 것입니다.


 자, 여기까지는 인풋입니다. 이제는 자신의 아이디어를 아
웃풋해서 무엇이 좋고 무엇이 부족한지 체득해야 합니다. 그

러기 위해서는 업무 현장에 직접 뛰어들어야 하고요.

사경 외 시간에는 주변 선배들과 차를 마시며 잡담을 나눴습니다. 화제는 정치, 경제, 맛집, 연예인 등 다양했죠. 저는 남자 연예인 전문 대형 기획사인 '쟈니즈'를 잘 알았기 때문에 그 이야기도 했고, PR국 시절 저질렀던 실수를 유쾌하게 꺼내놓기도 했습니다. 그랬더니 재미있는 사람이라고 생각했는지 다들 일에 저를 점점 끌어들이는 겁니다. 쟈니즈 소속 연예인을 모델로 쓰는 기획팀에서 저를 부른다든지, 식품회사 기업광고에 대해 묻는다든지, 호텔 이름 짓기, 자동차 광고 만들기까지 말입니다.

잡담 덕분에 맡게 된 광고 중에는 그 유명한 애플도 있습니다. 당시 애플 컴퓨터(지금은 애플이지요) 광고는 미국 광고대행사 TBWA가 제작해 전 세계 공통으로 송출했는데, 일본에서는 일본 소비자가 공감할 수 있어야 한다는 방침 때문에 덴츠가 로컬라이징을 담당했습니다. 애플의 가이드라인은 '남녀노소 누구나 알기 쉽도록 전문용어는 쓰지 말아달라, 설렐 수 있는 카피를 써달라, 가능하면 컴퓨터를 잘모르는 카피라이터가 담당했으면 좋겠다'였습니다. 저는 PR국 시절 옆자리 선배가 자비로 구입해 쓰던 세로형 귀여운 매킨토시를 종종 만져본 적이 있기 때문에 이런저런 잡담자리에서 "맥은 컴맹인 저도 쓰기 쉬워요. 회사 PC도 맥으로 바꾸는 게 어때요"라고 이야기한 적이 있었습니다. 선배들이 그때를 기억한 것인지 저를 담당 카피라이터로 뽑아준 것입니다.

일본에서 여성 카피라이터는 세제나 식품, 생리용품 등을 주로 맡곤 하는데, 저는 잡담의 위력 덕분인지 털털한 성격 때문인지 기업광고나 자동차, 컴퓨터, 항공사 같은 품목을 꾸준히 담당했습니다. 물론 개중에는 제가 잘 알지 못하는 제품도 적지 않았죠. 그럴 때는 완전히 다른 사람이 되어 그 사람과 제품과의 관계를 상상하려고 합니다. 변신 대상은 누구든 될 수 있습니다. 지하철에서 대각선 맞은편에 앉은 피곤한 40대 회사원, 슈퍼마켓에서 아이가 떼쓰는 바람에 난처해진 부모, 교복만 입다가 사복 쇼핑에 나선 호기심 많은 중학생. 말하자면 머릿속에서 코스프레를 하는 셈입니다. 저는 원래도 저의 정체성을 지우고 완벽하게 몰입해 누군가가 되어보는 상상을 즐겼거든요(고등학교에 진학하기 전까지 장래희망으로 진지하게 스파이를 꿈꿨습니다).

책이나 만화책 읽기를 좋아하는 성향이 도움이 되었을 겁니다. 만약 지하철을 탔는데 읽을 게 없으면 주변 누군가를 주인공 삼아 멋대로 스토리를 만들어내곤 했고요. 스마트폰이 없던 시절, 이런 시간이 저를 훈련시켜준 것일지도 모르겠습니다.

## 전지적 참견 시점 카피라이터 편

카피라이터는 어떤 일을 하냐, 일상은 어떻게 다르냐는 질문을 많이 받습니다. 흔히 크리에이터라고 하면 전문적인 훈련을 받은, 특출난 능력을 가진, 번뜩이는 아이디어가 샘솟는, 한마디로 나와는 다른 사람이라는 인상을 받기 쉽습니다. 하지만 앞에서 말한 것처럼 저는 특별한 훈련을 받지도 않았고 남달리 특별한 사람도 아니었습니다.

제 이야기를 조금 더 해볼까요. 고등학교 축제에서 영화를 제작한 적이 있었습니다. 제가 주연을 맡았는데, 촬영하다 보니 스토리가 너무 재미없어서(미안!) '시나리오를 이렇게 바꾸면 어떠냐'고 각본 담당자에게 제안해 제 분량을 줄이고 웃긴 장면이나 숙연한 장면을 추가했습니다. 하다 보니 편집도 함께 도왔고요. 요즘 편집은 디지털로 하지만 당시에는 필름을 가위로 잘라 테이프로 붙여가며 했습니다. 그렇게 완성된 필름을 영사기로 돌리면서 어떻게 보이는지 다같이 검증했고요. 시간은 걸렸지만 스스로 납득하면서 그림을 만들어가는 과정이 즐거워 축제 전 이틀간, 즉 48시간 자지 않고 작업했습니다. 그때 느꼈던 흥분, 그전에는 느끼지 못한 새로운 감정을 아직도 기억합니다.

인터뷰에서 '카피라이터는 매일 어떤 생활을 하는가'라

는 질문을 몇 번 받았습니다. 그때마다 저는 이렇게 대답합니다.

"고등학교 시절 축제 전날이 계속 이어지고 있는 느낌입니다."

클라이언트에게 프레젠테이션하기 전날, '이 글씨를 조금 더 키우자', '미소 짓는 표정보다는 우울하게 시선을 아래로 내리는 것이 더 느낌 있다' 등의 의견을 나누고, 한창 광고를 편집하다가 '고양이가 기지개 켜고 하품하는 컷을 여기에 갑자기 넣으면 어떨까' 같은 아이디어를 뒤늦게 내는 등 시행착오를 겪으며 완성품을 만드는 과정이 저는 정말 즐겁습니다.

다시 말하지만 광고업계에서 전문적인 훈련이나 태생적인 재능은 전혀 상관없다고 생각합니다. 담당하게 되는 제품은 우리의 일상과 관련된 것들입니다. 커피일 수도 있고 자동차나 인터넷뱅킹일 수도 있습니다. 실제로 쓰는 소비자 입장에서 도출해낸 인사이트, '이 표현(사진)으로 저 사람의 관심을 사로잡겠다'는 의지, 좋은 표현을 써내고 싶다는 끈기가 있으면 누구나 할 수 있는 직업입니다. 저는 그렇게 믿고 있습니다. 더욱이 요즘처럼 SNS가 발달해 나의 언어로 나의 글을 쓰는 데 익숙한 시대라면 더욱 그렇습니다.

특별한 설비 투자는 필요 없습니다. 종이와 펜 그리고 상

카피어 네치권

상력만 있다면 카피는 쓸 수 있습니다. 아이디어도 물론 낼 수 있고요. 아이디어는 어디에서 나오냐고요? 넘어져 다친 일, 실연당하고 너무 울어서 눈이 퉁퉁 부은 일, 옷가게에서 예쁜 원피스를 찜해놓고 그 원피스를 입기 위해 다이어트를 결심한 일, 리조트에서 카드키를 깜빡하고 나왔는데 프런트에 아무도 없어 옆방에 사정을 이야기하고 발코니를 넘어갔던 일… 이 중 어떤 에피소드가 제가 겪은 것인지는 여러분 판단에 맡기며, 우리가 경험하는 모든 것이 아이디어가 되고 스토리가 될 수 있다고 강조하고 싶습니다.

18세기에 활약한 프랑스 법관이자 정치가인 장 앙텔름 브리야사바랭Jean Anthelme Brillat-Savarin은 "그대 무엇을 먹는지 말하라, 그러면 나는 그대가 누군지 말해보겠다"라는 명언을 남겼습니다. 유명한 《미식 예찬》의 저자이기도 하죠. 크리에이티브도 마찬가지입니다. 경험이 많은 사람은 지견知見이 많은 사람, 즉 꺼내 쓸 경험의 서랍이 많은 사람이 됩니다. 그럴수록 많은 아이디어를 낼 수 있고 풍부한 상상력을 발휘할 수 있으며, 다양한 인격으로 변신할 수 있습니다.

**Park**

초보 크리에이터의 역할은
될 만한 '꺼리'의 탐색입니다.

**Okamura**

'그 아이디어가 왜 재미있는지'
알아내는 과정도
초보 크리에이터의 몫이죠.

# 2부
# 성장기
## 존재감 있는 크리에이터

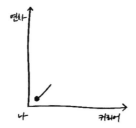

# 관찰, 경험 그리고 마케터의 시선

∨

'나는 앞으로 어떻게 클 것인가?'

일하는 사람이라면 어렵게 입사하고 나서도 지속적으로 성장을 갈망하게 됩니다. 입사 자체가 커리어의 목적이 될 수는 없으니까요. 특히 크리에이터라면 카피나 아트워크 등 전문성을 키우는 것은 물론, 사고력이나 아이디어 발상에서도 잘하고 싶은 욕심이 생기기 마련입니다.

크리에이터는 대부분 업무에서 다양한 경험을 하며 성장합니다. 저의 성장기도 그랬습니다. 이 시기에는 내가 접한 콘텐츠, 함께 일하는 사람들과의 커뮤니케이션, 그밖에 스스로 보고 듣고 느낀 모든 것들이 실력의 자양분이 됩니다.

## 관찰은 실력의 기초가 된다

컨셉을 해석하는 능력이 생긴 후, 저는 선배들이 쓴 카피를 흉내 내면서 카피라이팅을 시작했습니다. '처음부터 완벽한 아이디어는 존재하지 않는다'던 아리스토텔레스의 말처럼, 세상 많은 아이디어들은 다른 분야에 이미 있는 아이디어를 조금씩 모방하면서 창조된 것이 아닐까 싶습니다.

카피도 마찬가지입니다. 주변 사람의 카피를 관찰하고 흉내 내다가 나만의 스타일이 완성됩니다. 자신은 자기 스타일을 모른다 해도 동료들이나 선배들은 단번에 누가 쓴 카피인지 알아차리곤 하죠. 하지만 초년 시절부터 자기 스타일을 만들려 하는 것은 좋지 않습니다. 다양한 시각에서 접근한 발상이 새로운 아이디어의 화두를 만들기 때문입니다.

즉 이 시기에는 많이 관찰하는 것이 실력이 됩니다. 내가 좋아하는 특정 스타일보다, 다양한 글과 아이디어를 되는 대로 많이 관찰하는 편이 좋다고 생각합니다.

카피를 문장으로 어떻게 완성하는지 잘 모르겠다면 거장들의 글을 읽는 것도 좋은 훈련입니다. 김훈 작가의 섬세한 일상 묘사, 이해인 수녀의 수채화 같은 글, 요시모토 바나나의 반짝이는 비유나 무라카미 하루키의 냉소적이면서도 쿨한 여운을 남기는 문체, 하이쿠에서 발견하는 인사이트…

카피의 태도편

이 모든 것들이 저에게는 좋은 교과서가 되었습니다.

특히 아이디어 발상에서 저만의 앵글을 가지려고 노력했는데요. 이런 소재들에서 은유와 연상을 할 수 있는 '꺼리'를 많이 찾았습니다. 예컨대 미술관에 가거나 화보를 볼 때 인상 깊은 한 장면을 간직했다가 생각의 프레임을 만들어 보관합니다. 그리고 그 프레임의 앞뒤에 스토리를 붙여보는 겁니다. 소설을 읽을 때도 제 마음에 울림을 주는 단어가 있다면 그 단어를 중심으로 이런저런 조합을 시도해봅니다. 평소 제가 아이디어를 모으고 훈련하는 방법이죠. 늘 아이디어를 생각하고 있다 보면 어느 장소에 가서 무엇을 하든 그 아이디어와 연관지을 수 있게 됩니다. 말하자면 항상 머릿속에 무언가를 넣어 다니는 버릇을 들이는 편이 좋습니다.

그중에서도 저는 일본 광고 캠페인에서 많은 것을 배웠습니다. 솔직히 고백하건대 (카피 사수님들께는 죄송한 말씀이지만) 제가 마음속에 모셨던 카피 스승님들은 일본 광고 캠페인이었습니다. 마치 한 사람이 쓴 것처럼 오랜 기간 카피와 비주얼의 톤앤무드tone & mood를 일관되게 지켜갔던 JR 캠페인이나 산토리 위스키의 주옥같은 카피들을 곱씹으며 제 안에서 '노벨 문학상'을 몇 번이나 주곤 했습니다.

JR 캠페인 중 가장 좋아하는 카피는 JR도카이선東海線의 '크리스마스 익스프레스' 편인데요. 신칸센을 타고 장거리 연애를 하는 남녀의 심리를 그려내 공감을 이끌어냈습니다. 특히 1988년 첫 광고는 백미입니다. 승강장에 마중 나온 여자와 기차에서 내린 남자가 마주하는 모습, 야마시타 다츠로山下 達郎의 〈크리스마스이브〉가 배경음악으로 흘러나오죠. 그 위로 등장한 키 카피key copy는 "돌아온 당신이 최고의 선물." 20대 그 무렵 연애를 시작했던 저는 이 카피를 떠올릴 때마다 가슴 속에서 콩닥콩닥 설레는 소리를 듣곤 했습니다.

JR도카이선 '크리스마스 익스프레스' 1988년 광고

제가 이 캠페인의 정서를 흉내 내서 쓴 화장품 선물세트 광고 카피가 있습니다. 5월 감사의 달 캠페인이었는데요. 부모님이나 스승님에게 선물하려는 소비자들이 타깃이었기에 연애심리로 풀지 못한 것은 못내 아쉬웠지만, 좋은 피드백을 많이 받았던 카피여서 기억에 남습니다.

"내가 좋아하는 사람은 나이를 먹지 않았으면 좋겠다."

화장품의 기본 속성과 이 화장품을 왜 선물해야 하는지에 대한 이유를 헤드라인 하나로 표현하고자 했는데요. 공감 포인트를 찾기 위해 저는 사랑하는 엄마를 관찰하면서 카피를 썼습니다. 젊은 시절 참 고왔던 엄마가 매년 나이 드는 모습을 보면서 딸로서 안타까웠다고 할까요.

저는 정서적인 카피를 선호했기 때문에 제 주변 생활 속에서 아이디어를 찾으려 노력했고 카피도 그런 방향으로 집중했습니다. 덕분에 초보 시절에는 여성의 심리에 대한 접근법이 뛰어나다는 평을 받았죠. 물론 다 잘 썼다고는 할 수 없고 지금 시대에는 다르게 비춰지는 카피도 있겠지만, 어쨌든 일상에서 마주치는 모습에 대한 소소한 관찰과 생각을 카피에 반영했을 때 좋은 피드백을 받았습니다.

어떤 대상이건 찬찬히 관찰하면 공감할 요소를 발견할 수 있습니다. 세상에 존재하는 많은 콘텐츠 또한 크고 작은 관찰에서 소재를 얻지 않았을까요.

## 어떤 경험이든 씨앗이 된다

———

누구에게나 다양한 경험이 있기 마련입니다. 경험에는 인사이트가 숨어 있죠. 내가 직접 겪은 일이나 다른 사람에게서 들은 경험을 떠올리다 보면 좋은 아이디어 소재를 발견하게 됩니다. 특히 초보 크리에이터라면 본인의 나이에서 바라본 것, 그때 느꼈던 생각이나 감성의 기록을 소중히 간직했다가 끄집어내는 작업이 중요합니다.

제 경험을 하나 더 공유할까 합니다. 1990년대 잘나갔던 모 구두 브랜드는 이성적hard sell 소구로 캠페인을 이끌었습니다. 예컨대 구두 솔sole이 왜 중요한지 과학적으로 설명하거나, 구두 굽이 허리에 주는 충격을 제시하는 것이 주요 메시지였습니다.

하지만 그 브랜드의 카피를 맡게 된 저는 "잠깐만요"라고 이의를 제기했습니다. 같은 20대 여성으로서, 제 또래 타깃 소비자들은 신었을 때 예뻐 보이는 게 전부라는 관점을 끄집어냈습니다. 지금이야 20대도 신발의 기능성을 따지지만 당시만 해도 건강은 중장년층의 관심사였거든요. 고작 3년차 카피라이터였던 제 의견이 먹힐 수 있었던 데에는 주변의 도움(?)도 있었습니다. 마케팅 조사결과 브랜드가 점점 나이 들어간다는 문제점이 나타났고, 마침 경쟁 제품들도 젊은 감각의 커뮤니케이션을 활발히 전개하기 시작했거든요.

다들 신문을 많이 읽던 시절이어서 눈길을 끌 수 있는 신문광고 캠페인을 제안했습니다. 신문 1면 제호 양쪽에 들어갈 작은 돌출광고 시리즈였는데요, 구두 스타일에 어울리는 젊은 여성의 심리를 카피 한 줄에 담은 광고였습니다. 캠페인 타이틀은 '여성의 심리 시리즈.' 원래 매주 한 개씩 5개 정도로 마무리할 예정이었는데 클라이언트의 반응이 좋아 수십 편의 시리즈로 완성되었습니다. 그중 제가 기억하고 있는 카피를 소개해보겠습니다.

"그가 이마에 키스를 한 순간, 하이힐을 신어야겠다고 생각했다."

키 차이 나는 남녀가 마주본 상황을 상상해보세요. 하이힐만 신었다면 남자친구의 입술이 이마가 아닌 내 입술에 닿을 수 있었을 텐데 말입니다. 아쉬운 찰나, 앙큼한 속마음을 담았습니다.

"그의 곁눈질은 불륜, 나의 곁눈질은 자유"

플랫슈즈의 물리적 편안함을 심리적 자유로움으로 치환해, 커플 사이에 있을 법한 이기심을 표현한 카피였습니다. 온라인이 없던 시절이라 지금은 찾아볼 수 없지만, 여하튼 이 시리즈 덕에 고작 3년차였던 제게 스카우트 제의가 많이 들어왔습니다.

이런 카피를 쓸 수 있었던 것은 20대 때 신나게 놀아본 경험 덕이었습니다. 당시 젊음의 메카였던 압구정 로데오 거리나 청담동 카페, 록카페, 나이트클럽을 종횡무진하며 듣고 본 감성과 사랑하는 남자친구와의 추억 등 개인적인 경험이 아이디어와 하나가 되었습니다.

그 시절 감성을 반영해 이런 카피도 썼습니다.

"오늘 모델 같다는 말을 들었다."

지금 보니 유치한 감이 없지 않네요. 막 대리가 되었을 때 쓴 모 화장품의 가을 립스틱 카피입니다. 당시에는 소위 잘 나간다는 여자들이 듣고 싶어 하는 말이 '모델처럼 개성 있다'였거든요. 미인은 아니더라도 뭔가 '느낌 있는' 모델이 인기를 끌던 시절이었죠. 모델급 개성파가 아니면 소화하기 힘든 브라운카키 컬러 립스틱을 어떻게 소구할지 고민을 거듭한 끝에 완성한 카피였습니다.

일상에서 공감할 수 있는 소재를 발견하듯이, 좋은 아이디어는 현장 경험에서 나오는 경우도 많습니다. 그래서 흔히 카피는 발로 쓴다고 합니다. 무슨 말이냐고요? 대부분의 크리에이터들은 아이디어를 발견하기 위해 아이디어가 존재하는 곳으로 구석구석 찾아갑니다. 소비자의 생각을 탐문하고 경험하기 위해 매장에 나가거나 상품 판매하는 사람들을 직접 만납니다. 그들과 나누는 대화에서 단서나 단어를 수집하고, 그 안에서 광고 테마나 카피 재료를 건집니다.

제가 썼던 카피 중 지금도 많은 이들이 사용하는 일명 '사골 카피'가 있습니다. 충치예방에 효과적인 자일리톨 껌 카피입니다. '휘바hyvä'라는 핀란드 말 혹시 들어보셨나요? 별것 아닌 것 같지만 이 카피를 쓸 때 현장 경험을 제대로 했습니다. 핀란드산 자일리톨 원료를 사용하는 오리지널 브랜드임을 강조하기 위해 핀란드어를 키 카피로 살리기로 했고, 습관처럼 자일리톨 껌을 잘 씹는 사람들을 칭찬해주기 위해 '좋아요'가 핀란드어로 무엇인지 인터넷에서 검색해봤습니다. 두세 가지가 있었는데요, 그중 어떤 것이 우리 의도와 부합하고 캠페인 느낌을 살려주는지 정확히 알아내기 위해 핀란드 대사관에 전화도 여러 번 걸었고, 핀란드인의 뉘앙스와 발음을 정확히 알고 싶어서 몇 번 찾아가기도 했습니다. (하필 갈 때마다 핀란드인 직원은 자리에 없어서 참 번거로웠습니다.) 결국 발음은 어렵지만(정확한 발음은 '후'와 '휘'의 중간 정도입니다) 어감은 기억하기 쉬운 '휘바'를 선택해 '휘바, 휘바' 반복해서 흥겹게 외치는 카피가 탄생했습니다.

현장에서 찾아낸 의미나 단어들은 숙성된 생각이 결집해야 카피가 됩니다. 카피는 엉덩이 힘으로 쓴다고도 하는 이유가 바로 이것입니다. 엉덩이를 의자에 붙이고 오래 생각할수록 좋은 카피를 쓰게 된다는 농담에서 나온 거죠.

하지만 오래 앉아만 있는다고 자동으로 카피가 나올 리 없습니다. 먼저 현장에서 단어들을 발견해 와야 합니다. 그런 다음 단어들을 다양한 방법으로 바꿔보고 조합해보는 숙성의 과정을 거치는 거죠. 주변 타깃 소비자의 일상 언어를 그대로 써본다거나, 최근 본 영화 대사를 인용한다거나, 좋아하는 시를 변형해본다거나, 의문형으로 바꿔서 호기심을 준다거나, 신조어를 만들어보는 것도 좋습니다. 함축시키거나 비유어로 치환할 수도 있고, 친구와 나누는 대화형으로 바꿔볼 수도 있죠.

일본의 경영 컨설턴트 야마구치 슈山口 周는 일하는 이에게는 '경험이 학습의 핵심'이라 했습니다. 덧붙여 중요한 것은 '양보다 경험의 질'이라고 했죠. 저는 이 주장에 100% 공감합니다. 단 한 번의 경험이라도 내게 인상적이었다면 아이디어의 씨앗이 되기에 충분하니까요.


## 마케터의 눈으로 성장한다

과거 우리나라 클라이언트들은 감성적 접근을 선호하지 않았던 것 같습니다. 생활 브랜드나 저관여 제품을 제외하고는 감성적인 카피를 쓸 기회가 많지 않았습니다. 국내 경기가 좋았던 시절, 광고에 비용을 많이 썼던 패션이나 화장품 브랜드들도 정서적인 접근보다는 제품 팩트를 중심으로 하는 강한 소구를 선호했던 것으로 기억합니다.

구매 퍼널purchase funnel이 복잡하지 않았던 시절이었기에 그냥 단순한 메시지 소구가 대중에게 잘 먹혔습니다. 즉 마케팅에서 필요로 했던 광고의 힘은 강력한 캠페인 슬로건과 카피였습니다.

특히 광고를 활발히 집행했던 인터넷·이동통신이나 금융,

자동차 등은 1990년대 말~2000년대 초 브랜드 경쟁이 치열해지면서 각 분야 리더 자리를 선점하려는 의지가 강했기에, 이른바 '내가 대세'라는 느낌을 주는 마케팅 캠페인이 주를 이루었습니다. 그러다 보니 클라이언트들은 이성적이면서도 굵직한 카피를 뽑아내는 크리에이터를 선호했습니다.

당시 논리적이고 이성적이며 강한 메시지를 펼치는 크리에이터 중에는 남성이 많았고 패션 등 감성적 분야에서는 여성이 많았습니다. 브랜드마다 차이는 있었지만 대규모 캠페인에서는 상대적으로 남성들이 더 각광받았습니다. (업무 기회가 골고루 돌아가지 않았던 건지도 모르겠지만요.)

제품군에 따라 타깃의 성별이 분명할 때는 담당 크리에이터를 선정할 때에도 성별의 차이를 인정할 필요가 있습니다. 하지만 감성적인 접근법은 남녀불문 누구나 할 수 있다고 생각하는 데 비해, 이성적인 소구는 남성이 더 강하다는 인식이 있었던 것도 사실입니다. 한때 《화성에서 온 남자 금성에서 온 여자》라는 책이 인기를 끌었는데요, 거칠게 요약하면 남성은 목표지향적인 성향이 강하고 여성은 관계를 중요시하는 성향이 강하다는 내용이었습니다. 그 책대로라면 남성 크리에이터는 돌직구로 메시지를 질러서 반응을 유도하는 데 강하고, 여성 크리에이터는 감성적 유대감을 유도하는 메시지에 강하다고 생각할 수 있을 것 같습니다.

다시 '다양한 접근법' 이야기로 돌아가볼까요. 앞서 초보 카피라이터는 어떤 사수를 만나느냐가 중요하다고 했는데요, 초보 시절에는 다양한 사수를 많이 경험해보는 것이 좋습니다. 단순히 카피 스타일을 두고 실력을 판단하는 것은 옳지 않습니다. 카피 스타일에는 개인차가 있을 뿐 여성, 남성 차이가 있는 것이 아닙니다. 가장 좋은 것은 논리적인 광고에 강한 선배와 감성적인 광고에 강한 선배 모두 두루 일해보는 것입니다. 남성일 수도 있고 여성일 수도 있겠죠. 만약 사수를 선택할 기회가 주어진다면, 자신에게 부족한 부분을 강화하기 위해 누구와 일하는 것이 좋을까 고민해보세요.

저는 훌륭한 선배들과 다양한 경험을 해보는 행운을 누렸습니다. 저보다 섬세한 감성으로 화장품 카피까지 감각적으로 잘 쓰는 남자 선배도 있었고, 디자이너 출신으로 건설, 제약, 금융, PC통신 등 논리적인 캠페인을 진행한 여자 선배도 있었습니다. 감성적인 접근에 강했던 저는 이 여성 선배에게서 이성 소구를 많이 배웠습니다.

결국 크리에이터는 일하는 과정에서 부족한 점을 보강하고 배우면서 성장하는 것입니다. 여성 크리에이터라면 여성 타깃의 생활 소비재보다는 증권이나 자동차 등 남성이 핵심 타깃인 브랜드들에 도전해보는 것도 좋은 훈련이 될 거라 생각합니다. 반대로 건설 등에 강점이 있는 크리에이터라면 팬시한 제품도 담당해보는 것이 좋겠죠.

저는 성향상 생활감각을 살리는 감성적인 아이디어 발상을 좋아했던 반면 선이 굵은 논리적 캠페인에는 선뜻 손이 가지 않았습니다. 제가 좋아하는 브랜드를 골라서 하려고 이직을 할 정도였으니까요. 지금 돌이켜보면 아쉬운 선택이었습니다. 다양한 포트폴리오를 구축하기 위해서라면, 자기가 잘하는 것만 골라 할 것이 아니라 약한 것을 어떻게 보완할지 길게 보고 도전했어야 했습니다.

크리에이터가 성장하려면 또 어떤 점을 채워야 할까요?

저는 '마케터의 눈'을 가지라고 말하고 싶습니다. 광고가 인문학적 감성과 만나 '공감'이라는 요소를 이끌어내기 시작한 것은 박웅현 CD의 '사람을 향합니다' 캠페인이었다고 생각합니다. 통신분야를 대표하는 빅 브랜드가 감성 마케팅으로 성공하자, 다른 브랜드들도 이성적인 속성을 감성적 가치로 어떻게 전달할지 고민하기 시작했습니다. 감성 카피들이 사람들의 마음을 사로잡기 시작한 거죠. 브랜드나 제품의 마케팅 상황을 논리적으로 해석하기보다는, 감성적으로 접근한 카피라이팅이나 캠페인이 더 인정받는 시대가 온 것입니다. '공감'이 마케팅의 중심에 들어왔기 때문이 아닐까 합니다.

그렇다면 공감 메시지는 어떻게 만들어낼 수 있을까요?

크리에이터들에게는 차가운 이성을 따스한 감성으로 풀어
내는 훈련이 필요합니다. 그러기 위해 마케터들과 대화를 많
이 해볼 것을 추천합니다. 감성 메시지는 단순히 아름다운
표현만으로 완성되는 것이 아니기 때문입니다. 모든 마케팅
에는 풀어야 할 과제가 있고, 그것을 해결하기 위한 관점이
뿌리가 되어야 비로소 호소력 있는 광고 메시지가 나옵니다.

마케터들이 어떤 제품이나 브랜드에 대해 FGI조사Focus
Group Interview를 하고 분석하는 과정을 보신 적 있나요? 사
람들의 반응이나 감정을 기획팀이나 크리에이터에게 그대로
전달하는 것이 아니라, 마케팅상 문제를 해결하기 위한 관점
에서 조사내용을 해석한 후 '사람들이 이 제품에서 기대하
는 가치는 이런 것이다'라고 감성의 가치를 찾아줍니다. 공
감 메시지의 단서는 대개 그 과정에서 발견됩니다.

즉 크리에이터라면 마케터들이 가치를 발견할 때 사용하
는 '문제를 발견하는 눈'과, 이를 감성적 가치로 풀어내는 '생
활의 눈'을 훔쳐올 필요가 있습니다. 소비자 인터뷰 현장에
서 카피나 아이디어 팁만 얻어서는 안 됩니다. 크리에이티브
컨셉의 핵심이 되는 마케터의 관점과 사고력을 기르기 위해
서는 명심해야 합니다.

순수예술을 하는 크리에이터가 아니라면 콘텐츠 크리에
이터들은 기본적으로 '상업성'을 갖춰야 합니다. 마케팅 관

점과 지식을 지녀야 한다는 겁니다. 애니메이션, 영화, 방송, 음악 등 모든 콘텐츠 분야가 마찬가지입니다. 어떤 콘텐츠를 만들어야 사람들이 반응할지 항상 생각해야 합니다. '팔리는 콘텐츠'가 되는 것이 그만큼 중요하기 때문입니다.

## 자기검열을 거쳐 도약한다

마지막으로 점검해야 할 것은 나의 실력입니다. 한 해 한 해 계속 쌓아온 실력인데 그것까지 의심해야 하냐고요? 아니오, 연차가 쌓일수록 나의 카피나 아이디어에 전략적인 의문을 품어야 한다는 말입니다. 내 아이디어가 괜찮은가? 내가 쓴 카피의 어감이 어떤가? 남다른 생각이 보이는가?

초년 시절에는 겁날 것이 없습니다. 마음껏 카피를 써보고 아이디어를 내고 사수나 팀장님에게 보여주면 알아서 골라 아이디어의 재료로 써주니까요. 그러나 연차가 쌓여 팀내 핵심 크리에이터가 되었을 때는 내가 만든 캠페인 테마나 핵심 아이디어, 키워드를 스스로 검열할 줄 알아야 합니다. 내가 결정한 메시지의 방향이나 느낌에 따라 캠페인의 결이 완성되기 때문입니다.

이런 자기검열을 저는 '인사이드 아웃inside-out'과 '아웃사이드 인<sub>outside-in</sub>' 과정이라 표현합니다. 오랜 시간 크리에이터로 일하면서 실무에서 필요하다 생각해 나름대로 만들어 본 이론입니다. 다른 크리에이터들은 저와는 또 다른 과정을 거칠지도 모르겠습니다.

숙고해서 써낸 나의 카피는 주관적입니다. 카피뿐 아니라 세상 모든 크리에이터의 아이디어는 주관적일 수밖에 없습니다. 모든 것이 자기 안의 생각에서 시작되기 때문이죠. 인사이드 아웃이란, 이 주관적인 생각과 감성으로 완성시킨 카피나 아이디어를 바깥에 펼쳐놓는 것을 의미합니다.

그다음이 중요한데요, 그렇게 꺼내놓은 카피나 아이디어를 나 스스로 객관화해서 바라보는 시간이 필요합니다. 이것이 아웃사이드 인입니다. 즉 내가 낳은 자식들을 나의 바깥에서 냉철히 바라보는 겁니다. 반응은 크게 두 가지죠. 생각의 산고를 겪어가며 낳은 자식들이라 너무 예쁘니 다 키워야겠다고 고집부리거나, 어쩌자고 이런 못난이들을 낳았는지 다 내다버리고 싶거나. 보통 크리에이터들은 전자입니다. 객관화가 덜 된 상태라 할 수 있습니다.

정리 컨설턴트 곤도 마리에<sub>近藤 麻理恵</sub>는 《정리의 힘》에서 '설레지 않으면 버려라'고 했는데요. 버리는 이유는 정말 필요한 것을 남기기 위해서입니다. 아웃사이드 인을 거쳐야 하는 이유도 이와 같습니다.

좋은 카피라이팅은 곧 '내가 쓴 것을 하나씩 버리는 일'입니다. 카피라이터로서 연차가 제법 되고 나서야 깨달은 사실입니다. 머리로 이해한 만큼 잘 실천하지는 못했지만요.

또 한 가지, 크리에이터들에게 강조하고 싶은 사실이 있습니다. 좋은 아이디어는 '남들이 다 좋다고 인정하는 것'이라는 사실, 그리고 크리에이터 스스로가 그 결과를 겸허히 받아들여야 한다는 것입니다. 모두가 공감하지 않는 아이디어라면 과감히 포기할 줄도 알아야 합니다. 충분한 자기검열을 통해, 자기 안에 있는 남의 눈으로 자기 카피를 과감히 걸러낼 줄 알아야 합니다. 여과지로 불순물을 거르고 걸러야 정말 좋은 추출물이 나오는 것처럼 말입니다.

그러기 위해서는 우선은 무조건 다작多作해보는 것이 좋습니다. 카피를 많이 써보고, 조금 시간을 두어 냉철하게 바라보고, 스스로 버리는 작업을 반복해야 합니다. 아이디어 발상도 마찬가지입니다. 버리고 버리고 또 버려서 남은 최고의 요리만을 아이디어 회의라는 식탁에 올려놓는 겁니다. 이렇게 스스로를 훈련시켜야만 크리에이터의 실력이 도약할 수 있습니다.

아이디어를 내는 과정에서 한 번쯤 스스로에게 물어보세요. 내 아이디어들은 최상의 품질일까?

잠시 자기검열 있겠습니다!

## 내가 기억하는 어휘로 기획하다

누구에게나 초보 시절은 있습니다. 특히 카피라이터는 카피를 쓰는 직업이지만 초보 시절에는 나의 말로 제품을 설명하는 능력이 아직 부족하기 때문에 숱한 시행착오를 거치기 마련입니다. 당연히 교육과 수련도 필요하죠. 저는 초보 시절 헤드카피 100개를 써서 선배 카피라이터에게 보여주고 좋은 카피를 골라달라고 부탁하거나, 선배가 쓴 헤드카피에 이어지는 보디 카피body copy를 쓰곤 했습니다. 그러려면 내가 생각해서 쓴 것이 제삼자 눈에 재미있어 보이는지, 남이 쓴 카피를 나의 말로 알기 쉽게 풀어서 설명할 수 있는지를 고민해야 합니다.

## 고함치는 카피, 속삭이는 카피

저는 철도회사 캠페인 '맞다 교토, 떠나자そうだ 京都, 行こう'를 담당했던 CD와 선배 카피라이터에게 훈련받은 경험이 있는데요. 1993년에 시작한 것으로, 도쿄 지역에서 교토로 관광객을 유치하려는 캠페인이었습니다. 절을 비롯해 교토의 상점이나 관광지를 취재해 여성지에 짧은 카피로 소개하는 것이었는데, 매달 다른 테마를 잡았기 때문에 제게 좋은 훈련이 됐습니다.

'맞다 교토, 떠나자' 캠페인

요령을 터득한 후에는 메인 카피라이터로 활약할 수 있었는데요. 그중에서도 본격적으로 '나다움'을 처음 발휘한 것은 공공 광고기구(Ad Council, 현재는 AC Japan)를 담당하면서였습니다.

주제는 '수질오염 방지Keep water clean'였습니다. 일본과 미국 공동 캠페인으로 경쟁PT에서 수주한 국가의 대행사가 제작을 맡았는데, 예전 캠페인을 살펴보니 오염된 연못이 우는 영상(미국)이나 우키요에(14~19세기 서민생활을 기조로 제작된 일본회화의 한 양식—역자 주)처럼 파도가 알루미늄 캔을 덮치는 영상(일본) 등이 있었습니다. 완성도는 높았지만 솔직히 이렇다 할 느낌은 없었습니다. 문제가 심각하다는 건 알겠지만 나와는 상관없는 이야기 같았거든요.

저는 중학생 때 수영부 활동을 하면서 월요일부터 토요일까지 매일 3000m를 헤엄쳤습니다. 당시 코치님이 항상 하던 말이 있었는데, "물을 더럽히지 마라. 오염된 물이 몸에 들어간다"는 것이었습니다. 물론 물을 더럽히지 말라는 이유에는 여러 가지가 있겠죠. 청소가 힘들다든가, 수영장 물을 갈려면 돈이 든다든가 같은 것들 말입니다. 하지만 수영하는 학생이 이런 잔소리로 습관을 고치지는 않겠죠. 반면 물을 먹는 건 다릅니다. 연습을 계속하다 힘들어지면 아무리 수영을 잘하는 사람이라도 모르는 사이에 수영장 물을 먹을 수밖에 없습니다. 그건 남의 일이 아닌 내 문제가 되고요. 그래서 코치님은 몸에 문제가 생긴다는 말로 물을 더럽히지 말라는 메시지를 에둘러 전한 것입니다.

저는 코치님의 화법을 캠페인에 응용하면 좋겠다고 생각했습니다. 전신이 물로 이루어진 워터맨이 등장해 "사람 몸의 70%는 물입니다"라고 말한 후, 효과음과 함께 워터맨의 내부가 더럽혀져 무너지는 영상으로 물 오염의 심각성을 일깨우고 "당신이 더럽힌 물은 언젠가 당신을 오염시킵니다"라는 카피를 내보냅니다. 환경 문제를 나의 문제로 인식하게끔 한 것입니다. 이 아이디어로 일본과 미국 60여 개 경쟁사와의 경쟁PT에서 승리했습니다.

이 캠페인은 일본뿐 아니라 해외 광고제에서도 여러 차례 입상했습니다. 내 조그만 경험을 여러 사람에게 깨달음을 주는 메시지로 바꾸어낸 덕분일까요. 남들이 모르는 나만의 조그만 경험에서 아이디어를 내는 것, 이것도 카피라이터에게 하나의 무기가 될 수 있을지 모릅니다. 이때의 경험은 제 인생의 전환점이 되어, 그 후 일반 클라이언트뿐 아니라 공익광고도 10년 가까이 담당하게 되었습니다.

워터맨 캠페인

당시 일본에서 공익광고는 아무도 하고 싶어 하지 않는 인기 없는 일이었습니다. '그건 하지 마라, 이건 해라'라고 잔소리 같은 메시지를 전달하려다 보니 자칫 잘못하면 설교조가 되기 쉽거든요. 저는 이 점을 꼭 바꾸고 싶었습니다. 저에게 제안해준 CD가 "마사코, 당신과 내가 힘을 합쳐서 일본 공익광고 스타일을 바꾸자!"고 말해준 것도 한몫했죠. 저도 CD가 된 후에는 어려운 일을 제안할 때 이렇게 권유하게 되더군요(웃음).

예를 들어 학생들에게 약물 중독에 빠지지 말라고 호소하는 광고에서는 '하면 안 돼!'라고 목소리를 높이는 것이 아니라, "약물은 친구의 모습으로 당신에게 다가갑니다"라는 메시지를 전달했습니다. 특히 오늘날의 인플루언서라 할 수 있는 인물들이 학생에게 약물 비즈니스를 하는 비열한 수법을 과장 없는 담백한 영상으로 만들기도 했습니다. 또 약물 중독으로 착란상태에 빠져 빌딩에서 뛰어내린 여성의 실화를 편지 읽듯 담담하게 읽는 영상도 만들었습니다. 즉 공포를 강하게 밀어붙이기보다는 속삭이듯 부드럽게 전하도록 한 것입니다. 소리치는 카피, 속삭이는 카피. 카피에도 볼륨이 있으니까요.

그 결과 '기억에 남는 공익광고'라는 입소문이 나면서 미디어에서 화제가 되기 시작했습니다. 최근에는 감사하게도 옛날 영상을 찾아 유튜브에 올려주시는 분들도 있습니다. 덕분에 모두에게 외면당하던 공익광고가 '광고상을 받을 수 있는 지름길'로 주목받고, 크리에이터라면 누구나 하고 싶어 하는 일이 되었습니다. 물론 좋은 공익광고를 위해서는 볼륨 조절을 잊지 말아야겠지만요.

## '여자'가 될 것인가, 카멜레온이 될 것인가

———

지금은 여성 크리에이터가 비교적 많지만 제 초년 시절에는 매우 드문 존재였습니다. 그래서인지 각자의 캐릭터가 더 두드러졌던 것 같습니다. 귀여운 외모로 기억되는 사람, 노래를 잘해 광고음악을 스스로 부르는 사람, 이성적 매력을 적극 어필하는 사람까지… 저마다 자신의 특색으로 눈도장을 찍었고, 클라이언트도 선호하는 이들에게 일을 의뢰했습니다. 부럽지 않았다면 거짓말이겠지요.

하지만 지나고 보니 각자의 캐릭터만으로 일하던 사람들은 모두 일선에서 물러났습니다. 이 책을 쓰면서 그 이유를 생각해보니, 한 가지 특장점으로만 모든 클라이언트를 상대했기 때문인 것 같습니다. 같은 크리에이터를 기용한 A사, B사, C사 광고가 모두 비슷한 톤앤매너가 되어버린 것입니다.

아티스트라면 하나의 일관된 테마를 가져가는 것이 가능합니다. 구사마 야요이草間 彌生의 점dot이나 백남준의 비디오 아트처럼 말입니다. 그들의 작품이 보고 싶은 사람은 스스로 전시공간을 찾아갑니다. 아티스트와 작품에 대한 호감이 깔려 있기 때문이죠. 하지만 광고는 다릅니다. 광고의 전제는 바로 '좋아서 광고를 보는 사람은 없다'는 겁니다. 더욱이 광고는 타사와 차별화하기 위해 하는 것입니다. 그 크리에이터가 맡는 광고마다 다 비슷하다면 주객이 전도돼버립니다. 크리에이터가 아티스트처럼 일관성을 주장하면 곤란해지는 이유입니다.

물론 광고 크리에이터로서 자신만의 특장점이 있는 것은 좋은 일입니다. 성공 경험은 환영할 만하며, 그것을 반복하는 것이 나쁘다고만 할 수는 없습니다. 하지만 맹목적으로 한 가지 장점만 특화시키려고 해서는 안 됩니다. 본인의 개성을 적당히 포장해 카멜레온처럼 각각의 클라이언트에게 맞는 제안을 할 줄도 알아야 합니다. 그러려면 태세전환 요령도 필요하겠군요.

'나의 특장점과 클라이언트가 준 과제 사이의 접점을 어떻게 찾아낼 것인가'는 크리에이터가 풀어야 할 중요한 과제입니다.

또 한 가지, 여성 크리에이터에게 벌어지는 일. 바로 엄마가 된 크리에이터에게 '당신이 딱이야!'라며 기저귀, 세제, 비누 광고를 잔뜩 안겨주는 것입니다. 물론 본인도 만족한다면 아무 문제없습니다. 특징도 더 잘 이해하고 있고 인사이트도 더 깊을 테니 광고주 입장에서도 좋고 서로 윈윈할 수 있죠. 하지만 사생활과 일을 분리하고 싶어 하는 크리에이터라면 불만이 쌓일 수밖에 없습니다. 집에서도 회사에서도 기저귀만 생각하고 있어야 한다니요! 실제로 제 주위에도 이런 이유로 퇴사한 사람이 몇몇 있습니다.

그래서 저는 CD가 된 후부터 기저귀 등의 제품군을 맡게 되면 팀원들의 의향을 먼저 물어봅니다. '당신은 엄마니까 이 제품 적임자다'고 속단해서 일을 안겨버리는 것은 옳은 처사가 아닙니다. 오히려 남성이나 비혼 크리에이터가 신선한 관점에서 제품을 바라볼 수도 있지 않을까요? 육아에 대한 이해도도 높아지고 성별에 관계없이 다양한 분야를 경험할 수 있으니 이쪽도 윈윈하는 길입니다.

## 그래도 성장할 기회는 많다

일본에는 "귀한 자식일수록 여행을 보내라"는 속담이 있습니다. 어려운 경험을 쌓을수록 성장하기 때문에 귀할수록 힘든 일을 겪어보게 하라는 뜻입니다. 돌이켜보면 크리에이터로서 저의 성장기에도 이런 경험이 있습니다. 물론 제가 회사에서 예쁨 받는 귀한 자식이었다는 뜻은 아닙니다. CD들이 당시 부족했던 저에게 보내줬던 기대를 긍정적으로 표현했을 따름입니다(웃음). 그중에서도 제 성장에 도움을 준 인상적인 CD 몇 분이 있었습니다.

**"자리 비울 테니 알아서 해놔"**

식품회사 기업 메시지 신문광고를 아트디렉터 출신 CD와 함께 7년간 담당한 적이 있습니다. 카피 쓰는 법도 몰랐던 저에게 광고주 프레젠테이션부터 기획서 작성까지 맡겨주신 분입니다.

이 CD는 사진을 정말 좋아했는데, 점점 자기가 찍은 사진으로 작품을 만드는 데 에너지를 쏟기 시작했습니다. 그러다 한 번은 "이것도 부탁해. 내가 없는 동안 해줘"라는 말을 남기고 해외로 나가버린 겁니다! 이메일도 없었고 휴대폰도 없던 시절이라 상대는 어디에 있는지 모르고 당연히 연락도 닿지 않았습니다. 결국 저는 내가 CD가 됐다고 생각하면서, 비주얼은 이걸로 괜찮은지, 카피는 충분한지, 전체 밸런스가 맞는지, 이 사진작가를 선택할지, 견적 합의는 어떻게 할 것인지 하나하나 판단해 실행에 옮겨야 했습니다.

무언가를 결정하는 것은 책임진다는 뜻이기도 합니다. 제가 책임까지 모두 감당해야 했다면 아마 더 버거웠을 테지요. 하지만 이 CD는 자리를 비울 때 "만약 무슨 일이 생기면 책임은 내가 질 테니 걱정하지 마"라고 해줬기 때문에 저도 망설임 없이 결단을 내릴 수 있었습니다. 제게는 '책임'이라는 부담없이 CD로서의 의사결정을 훈련하는 기회가 된 셈입니다.

## 목소리를 바꿔라

이번에는 카피라이터 출신 CD와 함께 일했을 때의 일입니다. 출신이 출신인 만큼 카피 쓰는 방법도 잘 배울 수 있었지만, 가장 감사했던 것은 제 목소리 톤을 지적해줬던 일입니다.

"네 목소리는 톤이 너무 높아서 시끄럽고 어린애 같아. 프레젠테이션에서 아무리 맞는 말을 해도 설득력이 떨어질 수 있어."

저는 깜짝 놀라 곧바로 제 목소리를 들어보기로 했습니다. 스마트폰이 없던 시절이라 녹음하기도 어렵고, 급한 대로 두꺼운 종이를 양쪽 귀 앞에 붙이고 말해봤습니다. 그러면 목소리가 내 귀로 바로 들어가지 않고 바닥, 가구 등에 부딪혀 방 전체에 울리는 소리를 들을 수 있거든요. 이때 들리는 목소리가 다른 사람 귀에 들리는 내 목소리입니다. 실제로 들어보니, 와… 이건 애들 떠드는 목소리가 따로 없네! 이대로는 안 되겠다 싶었던 저는 일할 때 평상시보다 2옥타브(제 음역대가 조금 높습니다) 낮게, 천천히 말하려고 노력했습니다.

노력의 결과인지, 회사에서는 조금 더 어른스러운 목소리를 내는 데 익숙해졌습니다. 하지만 종종 친구에게서 사적인 전화가 걸려오면(휴대폰이 없었기 때문에 사적인 전화도 회사

직통번호로 걸려오곤 했습니다) 바로 목소리가 하이톤으로 돌변하는 바람에 동료들이 깜짝 놀라기도 했답니다. 또 회식 때 취기가 올라와도 원래 톤으로 바뀌어 광고주가 '전혀 딴 사람 같다'고 놀란 적도 있습니다. 물론 일할 때는 아무 지장 없는 2옥타브 낮은 목소리를 내고 있지만요.

### "좋을 대로 해. 범죄만 아니면 돼"

이번에는 라디오 광고 이야기를 해보겠습니다. 라디오 광고에 관해서만은 아이디어 기획부터 광고주 제안, 제작, 온에어까지 모든 제작을 저에게 일임하던 CD가 있었습니다. 그의 입버릇은 "좋을 대로 해, 범죄만 아니면 돼"였죠. 그 이유는 예산이 크지 않았기 때문. CD가 되면 알겠지만, 관리자는 예산이 큰 프로젝트에 더 신경 쓸 수밖에 없답니다(웃음).

저희끼리는 라디오를 '하면서 매체'라고 부릅니다. 부엌에서 설거지를 하면서, 운전을 하면서 듣기 때문입니다. TV와 달리 라디오는 오로지 소리만으로 그려지는 세상이기 때문에 굉장히 자유롭게 상상력을 펼칠 수 있습니다. 예를 들어 토마토 주스 광고를 촬영한다고 가정합시다. 조금 황당무계하지만, 광고의 시놉시스는 이렇습니다.

"맛있는 피에 굶주린 드라큘라. 루마니아의 성을 나와 일본 유원지를 향해 날아간다. 눈에 띈 사람의 피를 빨아먹는데 그 맛에 놀라고 만다. 알고 보니 그 사람은 ○○ 토마토 주스를 매일 마시고 있었던 것. 두 명은 루마니아 성에서 ○○주스를 맛있게 마신다."

TV 광고라면 성이나 유원지를 세트장으로 제작할지 로케이션 촬영을 할지, 모델로 누구를 기용할지, 유원지 엑스트라는 몇 명이나 배치할지 등을 고민해야 합니다. 분명 제작비도 많이 들 것입니다. 하지만 라디오라면 내레이션이나 효과음만으로 배경을 순식간에 바꾸고 스토리를 전개할 수 있습니다. 청취자의 상상력을 이용하는 것입니다. 제작진도 카피라이터, 디렉터, 음향효과 전문가, 성우만 있으면 됩니다. 그러니 엑스트라나 장소 예산에 구애받지 않고 마음껏 크리에이티브를 펼칠 수 있습니다. 이 또한 성장의 기회가 됩니다.

그러니 젊은 크리에이터라면 라디오 광고를 많이 해보는 것도 좋은 발판이 될 수 있습니다. 특히 최근에는 라디오의 진화형이라 할 수 있는 팟캐스트 광고도 늘어났으니 기회도 더 많아진 셈이죠. 광고 길이도 팟캐스트 측과 함께 정할 수 있으니 라디오보다 한결 자유롭고요.

**Park**

좋은 카피라이팅은
'내가 쓴 것을 하나씩 버리는 일'입니다.

**Okamura**

내 경험으로 아이디어를 낼 수 있다면
그것이 크리에이터의 무기입니다.

# 3부

# 사춘기

### 크리에이터로는 여기까지?

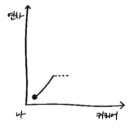

# 돌부리도 있고 샛길도 있다

성장하며 누구나 한 번쯤 겪는 '질풍노도의 시기' 사춘기. 저
는 중학교 2학년 때 사춘기를 겪었습니다. 그때는 이유 없
이 짜증나고 부모님께 반항하기도 하고 욱하는 감정에 빠지
기도 했죠. 그런데 다 지나간 줄 알았던 사춘기가 크리에이
터로 일하면서 잊을 만하면 찾아오기 시작했습니다. 배신감,
번 아웃, 슬럼프, 곁눈질이라는 이름으로 말입니다.

## 배신감이라는 사춘기

광고라는 콘텐츠는 100% 사람의 일입니다. 광고회사에는

생산해야 할 물건도, 공장도 없습니다. 오직 사람들이 모여서 머리를 맞대고 아이디어라는 상품을 창조해냅니다. 그래서 팀원들 간 호흡이 중요하고 팀이 똘똘 뭉칠수록 좋은 성과가 납니다. 그러다 보니 이직할 때 마음 맞는 동료나 선배를 따라가는 경우가 제법 있고, 팀장이 나가서 회사를 차리거나 경쟁사로 이직할 때 평소 잘 맞았던 팀원을 데리고 가기도 합니다. 심한 경우는 팀 전체를 채가는 경우도 있습니다(이러다 못매도 맞죠).

저도 친했던 선배의 권유로 첫 회사를 떠나 다른 회사로 옮기게 되었습니다. 그런데 이직 이야기를 꺼내자, 제 사수인 팀장님의 표정이 와르르 무너지는 것입니다. 제 사표를 갈기갈기 찢어버렸고, 심지어 저를 꼬여냈다고 생각했는지 이직을 권유한 선배에게 전화를 걸어 항의하는 일까지 벌어졌습니다. 죄송한 마음에 야밤에 짐을 싸러 회사에 몰래 갔던 기억이 납니다. 나중에 들으니 팀장님은 제가 그만둔 후에도 한참이나 다운된 상태였다고 합니다. 저는 그때 무척 죄송하면서도 '사원 하나 나간다고 저렇게 난리를 치다니, 역시 난 능력자야' 하고 내심 우쭐하기도 했습니다. 그때는 제가 참 어렸습니다.

"당신이 되어 본다"라는 TV광고 카피가 있었습니다. 이 카피를 봤을 때 그 팀장님 생각이 났습니다. 역지사지라더니, 제가 그분 입장이 되어서야 그 마음을 이해할 수 있더군요. 왜 저 같은 사원 하나에 그렇게 집착하셨는지 말입니다. 물론 정들었던 팀원에게 인간적으로 서운한 마음도 있겠습니다만, 진짜 속마음은 바로 이것입니다.

'기껏 키워서 쓸 만해지니까 다른 데로 튀어버려?'

제가 부장 카피 시절, 재능 있는 인턴을 발견했습니다. 눈여겨봤다가 팀 신입사원으로 팀장님에게 추천했고, 팀에 들어온 뒤에는 제 부사수로 데리고 다니며 몇 년을 일했던 남자 카피라이터였습니다. 성격도 어찌나 온순하고 싹싹한지 선배님 선배님 하며 잘 따르는 모습이 마치 막냇동생 같아 맛집에도 많이 데려가곤 했습니다. 일할 때는 어색한 카피를 하나하나 수정해주고 피드백하고, 촬영장이나 녹음실에 갈 때면 택시비를 세심하게 챙겨줬고요. 한마디로 코 흘릴 때 데려와서 정성껏 키운 거죠. 그런데 이제 일 좀 시켜보나 했더니 어느 날 사표를 내는 겁니다. 대학 선배가 차린 CF프로덕션으로 가겠다면서요.

그뿐인가요? 회사 업무가 마구 몰리던 시기에 인력을 급히 구하게 되어 경력 2년차 카피라이터를 채용한 적이 있습니다. 경력도 짧고 반짝이는 눈빛 외에 별다른 포트폴리오도 없었지만 저 연차니 기회를 주면 성장할 수 있겠다 싶어 채용을 적극 밀어붙였습니다. 다니던 회사가 너무 작은 곳이라 실력 검증이 부족하다며 HR팀이 반대했는데, 무슨 일이 있어도 잘 키워 우수한 카피라이터로 만들겠다고 호언장담을 했습니다.

저는 회사와의 약속을 지키기 위해 노력했습니다. 누구나 하고 싶어 했던 '2% 부족할 때'라는 유명 브랜드의 신규 프로젝트를 진행했을 때 일부러 그 친구의 카피를 잘 살려 메인 카피라이터로 내세웠고 클라이언트 앞에서 카피를 브리핑할 기회도 주었습니다. 함께 일하면서 경쟁 피치(pitch, 입찰)에서 좋은 성과도 거두었고, 그 이후 진행한 캠페인 모두 클라이언트에게 호평을 받았습니다.

그런데 얼마 안 가서 그 친구가 사표를 불쑥 내미는 겁니다. 알고 보니 인턴 때부터 가고 싶었던 회사가 있었고 거기서 함께 일하고 싶은 본부장님이 있는데, 경력이 어느 정도 채워졌으니 이제 그곳으로 가야겠다는 겁니다. 정말 미치는 줄 알았습니다. 다들 반신반의하는 와중에 무리해서 뽑아 키우면 내 사람이 되겠다 싶었는데, 다른 팀원보다 더 열과 성을 다했는데! 배은망덕하다는 생각이 머리에서 떠나지 않았습니다.

사람에게서 받은 그때의 상처에서 저는 오랜 시간 헤어나지 못했습니다. 커리어 사춘기 중에서도 가장 독하다는 '배신감'은 극복하기가 정말 힘듭니다.

그러다 시간이 조금 지나서 깨달았습니다. 회사에 '내 사람'은 없다는 사실을요. 한 팀에서 일하는 사람들은 일을 매개로 '함께 가는 사람'이지 내 사람은 아닙니다. 물론 아끼던 후배가 팀이나 회사를 떠나면 사적으로 인생 후배가 되는 경우도 있습니다만, 회사 안에서 부사수는 어디까지나 '내가 키워 다른 곳으로 입양 보낼 사람'입니다. 그것이 부사수를 바라보는 올바른 개념이라고 생각합니다. 입양은 회사 내부로 보낼 수도 있고 바깥으로 보낼 수도 있죠. 특히 오늘날의 Z세대와 일하려면 이런 사고방식이 꼭 필요합니다. 이렇게 생각을 다져놓지 않고 팀 후배를 '영원한 내 사람'이라며 짝사랑하는 것은 바보 같은 일입니다. 잘못된 짝사랑은 잘못된 배신감으로 돌아올 테니까요. 정작 상대방은 잘못한 것도 없는데 말입니다.

크리에이터가 이직하거나 다른 팀으로 이동할 때는 자기 포트폴리오를 관리하고 싶어서가 대부분입니다. 한 브랜드를 오래 담당하다 보면 아이디어에 한계가 오는 경우가 많기 때문에, 팀을 옮겨 담당 품목을 바꾸거나 여의치 않으면 다른 브랜드와 계약한 회사로 이직을 합니다.

물론 불변의 이유도 있죠. 함께 일하는 팀장이나 선배, 동료가 싫어서입니다. 결국 사람 때문이라는 이야기죠. 광고는 사람의 일이니까요. 돌이켜보면, 저를 떠난 후배들은 어쩌면 저 때문에 떠났을지도 모른다는 슬픈 생각이 드네요.

이 사춘기를 어떻게 극복했냐고요? 간단합니다. 사람은 사람으로 채워집니다. 흔히 실연을 당하면 친구들끼리 위로 한답시고 '사랑으로 인한 상처는 새 사랑으로 극복한다'고 말하죠. 마찬가지입니다. 함께 일하던 크리에이터에게 받은 상처를 치유하는 가장 좋은 방법은 새로운 크리에이터를 만나는 겁니다. 신기하게도 아끼던 크리에이터가 떠나고 나면, 또 다시 좋은 크리에이터가 옵니다. 늘 그랬습니다. 그러니까 내가 키운 후배가, 동료가 떠났다고 지나치게 오래 힘들어하지 않아도 됩니다.

광고란 사람과 사람이 함께 완성하는 일이기에, 사람에게 집착하게 되는 심정은 지극히 당연합니다. 특히 크리에이터들은 아이디어 경쟁을 하면서 협업도 해야 하니 팀원들 간의 합이 아주 중요합니다. 내가 생각한 카피에 어떤 비주얼 아이디어를 붙이면 좋을지, 키 이미지를 어떤 느낌의 카피로 받쳐줘야 하는지 서로 끊임없이 소통해야 합니다. 하나의 광고 캠페인 안에는 얼마나 많은 크리에이터의 마음과 마음이 결합되어 있는지 모릅니다.

물론 사람과 사람 간의 이 연결이 영원히 계속되지는 않죠. 그럴 때면 앞서 이야기했던 '함께 가는 사람'이라는 정의를 다시 꺼내봅니다. 성격이 쿨해서 협업이 잘된다거나, 일러스트나 캘리그라피 같은 개인적 특기가 있다거나, 아이디어가 독특하거나⋯ 함께 가고 싶은 이유가 있는, 멋진 능력을 갖춘 사람들은 많습니다. 세상은 넓고 좋은 크리에이터들은 많으니까요.

친했던 사람이 떠난다는 사실에만 연연하지 말고 '일을 목적으로 함께 가는 사람'을 다시 구하면 됩니다. 새롭게 만나서 함께 가다 보면 친해지고 또 자연스럽게 좋아하게 됩니다. 이런 선순환이 반복되는 것은 아마도 좋은 사람들이 크리에이터가 되기도 쉽기 때문 아닐까요. 저는 그렇게 믿고 있습니다.

## 번 아웃이라는 사춘기, 그리고 '여자니까'

"크리에이터들은 성격이 더러워도 상관없어. 지저분해도 돼. 못생겨도 아무 문제없어. 그저 아이디어만 잘 내면 되니까."

제가 크리에이터로 자랄 때 많은 팀장님들에게 들은 말입니다. 말이야 쉽지만, 아이디어로 평가받는다는 것은 참 힘겨운 일입니다. 팀원들과 경쟁하는 것도 힘들고 새로운 클라이언트를 영입하기 위해 숱한 경쟁사들과 싸우는 것도 힘겹지만, 무엇보다 나 자신과의 싸움이 가장 어렵습니다. 오죽 하면 혹자는 열정과 자유로 포장된 자기착취self exploitation 라 표현했을까요.*

새로운 아이디어를 끊임없이 생산하는 일은 나의 모든 것을 투입해야 하는 지성노동입니다. 그런데 흥미로운 지점은, 내가 좋아하는 브랜드나 상황에 따라 그 노동이 놀이가 될 수 있다는 사실입니다. 지금 핫한 브랜드, 내가 흠모하는 품목, 재미난 아이디어가 술술 나올 만한 프로젝트를 맡게 되면 며칠 밤을 지새워도 일이 마냥 즐겁습니다. 심리학자 미하이 칙센트미하이Mihaly Csikszentmihalyi 교수가 제시한 몰입flow이라는 개념이 딱 들어맞는다고 할까요. 내가 하는 일에 깊이 빠져 시간의 흐름과 자아를 잊어버리는 행복한 상태가 되는 겁니다. 내 아이디어가 채택되거나 우리 팀이 경쟁 프레젠테이션에서 승리하기라도 하면 이 즐거움은 더욱 증폭됩니다. 강도 높은 업무가 이어져도 그까짓 거 덤벼봐, 하고 달려들게 되죠.

문제는 반대의 경우입니다. 저도 된통 겪어본 '번 아웃'이라는 사춘기입니다.

---

• 강이수, 〈문화노동의 특성과 젠더의 문제〉, 〈한국 여성학〉 31(2), 181-211p, 2015

제가 처음 CD가 되고 얼마 지나지 않았을 때의 일입니다. 지금도 활발히 마케팅 활동을 하고 있는 모 기업의 100억이나 되는 경쟁 비딩bidding에 참여하게 됐습니다. '모 페인트 브랜드를 활용한 기업 PR'이 과제였고, 회사에서 선배의 팀과 내부 경쟁 형식으로 진행되었습니다. 제 CD 인생의 첫 경쟁 피치였죠. 내부 경쟁을 뚫고 나면 우리보다 큰 경쟁사와의 쟁쟁한 3파전을 치러야 했습니다.

'설마 되겠어'라는 심정으로 소신껏 아이디어를 냈는데, 제가 CD로서 제안한 아이디어가 내부 경쟁에서 선배 팀을 제치고 채택되더니 급기야 이게 웬일, 경쟁사들과의 싸움에서도 최종 승리를 거머쥐고 말았습니다. 세상에, 첫 경쟁 비딩에서 100억을 수주한 것입니다. 아무도 제게 기대하지 않았을 텐데 말입니다.

그런데 그게 화근이 되었습니다. 이후 회사에서는 크고 작은 경쟁 비딩을 계속 제게 맡겼고, 저는 줄줄이 도전해 줄줄이 참패했습니다. 첫 비딩의 승리감에 생겨난 과욕에 스스로가 사로잡혔던 겁니다. 한 번쯤은 '이번 건은 못하겠습니다'라고 말할 법도 했는데 늘 마다하지 않고 도전했으니, 저도 이상했지만 당시 저를 믿고 계속 큰일을 맡겨주신 본부장님도 참 이상한 분이었다는 생각이 드네요. (사실 제게 많은 기회를 준 고마운 분이죠.)

당연히 저는 침울해져버렸고 그 기분은 팀원들에게도 고스란히 전해져 팀 전체가 사춘기를 심하게 앓았습니다. 말하자면 슬럼프였던 거죠. 저는 두어 달쯤 의욕을 잃고 스스로를 패배자로 낙인찍으며 제 모든 것을 부정했습니다. 나는 애초에 크리에이터로서 재능도 없고 첫 직장에서 커피 타는 편이 나았나, 시키는 일만 하면 되는 무탈한 삶을 살걸 그랬다며 직업 선택을 후회하기까지 했습니다.

급기야 당시 본부장님도 이런 제 상태를 알아차리고 한동안 현업 이외에 부담되는 업무를 시키지 않았습니다. 저 또한 몇 달간 머릿속을 맑게 비우고 잠을 푹 자도록 노력했고, 머리가 아니라 몸을 쓰기 위해 운동에 매진했던 기억이 납니다.

그러다 다시 새 프로젝트를 맡게 되었습니다. 누구나 하고 싶어 하는 브랜드였고 아이디어의 전개에 따라 캠페인이 마구 커질 수 있는, 정말 즐거운 프로젝트가 온 겁니다. 아이디어를 마음껏 펼쳐가며 제안했는데 클라이언트 반응도 좋았고, 광고 집행 이후에는 긍정적인 소비자 피드백도 한껏 받았습니다. 그때서야 잠자고 있던 내 안의 열정의 불꽃이 하나둘 다시 피어오르는 것을 느낄 수 있었습니다.

그렇게 힘든데도 크리에이터로 일하는 이유가 뭘까요? 열 번 넘어져도 한 번 일어설 때의 그 희열을 맛보기 위해서라

커리어 대작전

고 해도 과언이 아닐 겁니다. 다시 일어서는 순간, 언제 슬럼 프였냐는 듯 바로 의욕이 불타오르고 다시 '이 일은 나의 천직'이라 믿게 됩니다. 마치 어린아이처럼 단순하게, 예전 고통은 잊고 다시 즐겁게 일에 빠져듭니다. 광고라는 콘텐츠는 크리에이터에게 이런 매력을 선사합니다.

광고회사에서 일한다고 하면 흔히, 매일 아이디어를 내고 연예인도 자주 만나니 얼마나 재미있냐고 말합니다. 하지만 때로는 인쇄광고물을 블랙보드에 붙이는 단순한 일을 서로 하겠다고 덤빌 정도로 머리 쓰는 것을 쉬고 싶어 하는 두뇌 노동자입니다. 특색도 없고 장점도 없는 제품을 무조건 아이디어로 커버해보라는 주문을 받기도 하고, 기껏 힘들게 준비해가면 다시 갖고 오라는 명령이 떨어지기도 합니다. 몇 번씩 아이디어를 제시하고 드디어 클라이언트 의사결정자에게 보고하게 됐는데, "내가 생각한 방향은 이게 아닌데?", "이딴 걸 크리에이티브라고 가져왔나?", "내가 어제 우리 와이프랑 드라마 보다가 이런 아이디어를 생각했어요"라는 식의 어이없는 말을 듣기도 합니다. 더구나 클라이언트 측에서 저희와 함께 아이디어를 조율해온 마케팅 담당자들이 말이나 태도를 바꾸기라도 하면 마음과 뇌가 날카로운 칼로 푹푹 찔리고 난도질 당하는 것 같습니다.

때로는 진이 빠질 대로 빠져 아이디어를 놓고 타협해버리는 순간도 옵니다. 해달라는 대로, 시키는 대로 그냥 다 만들어드리는 겁니다. 주님보다 더 위대하신 광고'주님'이 하라는 대로 캠페인을 완성하고 나면, 그 광고물을 보는 순간 정나미가 뚝 떨어져 TV를 돌리거나 유튜브를 꺼버리기도 합니다. 그리고 팀원들과 약속하죠. 저 캠페인은 우리는 모르는 걸로.

크리에이터의 감정에는 논리가 있습니다. 을 입장에서 나의 자존심이 무너지면 모든 것이 무너집니다. 분노가 끓어오르고 슬픔이 터집니다. 성심껏 준비한 아이디어가 무시당하거나 같은 일을 반복하다 보면 쉽게 번 아웃이 오기도 합니다.

저는 한창 일을 많이 했던 CD 시절, 중요한 경쟁PT가 계속, 또 계속 이어지는 상황에서 현업까지 병행하다 입원을 한 적도 있습니다. 불면증에 잠을 못 이루다 출근길에 쓰러져 119 앰뷸런스를 타고 응급실로 향했습니다. 과로와 스트레스로 인한 이석증에 번 아웃 현상, 의사의 처방은 무조건 휴식. 그러나 일에 대한 책임감 때문에 입원 3일차에 기어코 촬영장으로 향하고 말았습니다.

번 아웃은 슬럼프뿐 아니라 우울증까지 데려옵니다. 특히 리더가 번 아웃 상태에 빠지면 팀원 전체가 도미노처럼 같은 증상을 겪습니다. 잘못하면 업에 대한 회의까지 느낄 수 있기 때문에, 번 아웃이다 싶으면 무조건 일에서 한 걸음 빠져나와 나 대신 일해줄 수 있는 팀원에게 권한위임empowerment하는 편이 낫습니다. 그보다 더 중요한 것은 상사에게 솔직히 고백하는 겁니다. 정말 힘드니 쉬엄쉬엄 일하겠다고 말입니다. 물론 리더 입장에서도 팀원이 번 아웃을 겪고 있다면 견디라고 말하기보다 잠시 일에서 벗어나게 해주는 편이 바람직합니다.

좋은 크리에이티브를 위한 환경은 머릿속에서 아이디어가 제때 적절히 나올 수 있도록 완급조절을 해주는 것입니다. 크리에이티브를 이끌어내고 후배를 양성하는 리더라면 이 점을 더욱 명심해야 합니다. 여유 있게 내놓는 아이디어는 즐거움을 낳고, 억지로 뽑아내야 하는 아이디어는 슬럼프를 낳는다는 사실 말입니다.

참, 여자라서 겪어야 했던 사춘기는 없었냐고요? 왜 없었을까요. 제가 CD였던 시절에는 회사에 부국장, 국장이라는 직급이 있었습니다. 당시 저는 부국장에서 국장으로 올라가야 했던 시기였습니다. 몇 년 동안 저는 회사 내 평가에서 가장 높은 점수를 받았고, 경쟁 비딩에서 새로운 클라이언트를 가장 많이 영입했으며, 누구나 아는 히트 광고도 만들었습니다. 누가 봐도 제가 승진 대상이었습니다. 하지만 저는 그 해 승진 명단에서 누락되었습니다.

처음에는 대수롭지 않게 생각했습니다. 하는 일이 중요했지 직급이 중요한 건 아니었으니까요. 그런데 당시 대표이사님이 직접 저를 불러서 위로를 전했습니다. 지금도 그 내용이 생생히 기억납니다.

"우리 박 CD 올해 성과가 국장이 되고도 남는데, 자리가 하나밖에 없어서…."

알고 보니 저와 비슷한 연차의 남자 동료가 승진을 했더군요. 나이는 위였지만 경력은 3년쯤 후배였기에 저는 회사에 서운함을 느꼈습니다. 남자와 여자가 나란히 버스를 기다리고 있는데, 좌석이 하나뿐인 버스에 남자를 먼저 태우고 가면서 기사님이 머쓱하게 "다음 차 곧 와요"라고 외치는 느낌이었다고 할까요. 그동안 크리에이터로 일하면서 크게 실감하지 못했던 남녀차별에 대해 진지하게 생각하게 된 계기였습니다. 내가 여자라서 승진이 안 됐다니.

당시 본부장님은 슬그머니 제 눈치를 보시는 것 같았지만, 다른 사람들은 당연하게 생각하는 것 같았습니다. 저 빼고 다 평온했습니다. 회사 내 여자 CD가 혼자였기 때문에, 아니 제 직급까지 올라온 여자도 제가 처음이었으니 저 말고는 민감하게 받아들이거나 목소리를 내는 사람도 없었습니다.

결국은 제 몫, 저 스스로가 이 더러운 기분을 어떻게 받아들이고 정리할 것인가가 관건이었습니다. 오라는 곳도 많앉으니 홧김에 경쟁사로 이직할까 잠시 생각해보기도 했지만, 좋은 브랜드도 담당하게 됐고 하고 싶었던 캠페인을 할 기회도 다가오는데 이런 일 때문에 다른 곳으로 가야 하는지 고민이 앞섰습니다.

침착하게 생각을 정리해봤습니다. 크리에이티브 디렉터라는 타이틀이 중요한가, 아니면 회사 내 직급이 중요한가. 즉 어떤 것이 나에게 더 명예로운 타이틀인지 생각했습니다. 회사 인사팀과도 면담했습니다. 회사에서 내 실력이 얼마나 인정받고 있는지, 내 위치가 어느 정도인지 확인하고 싶었던 겁니다. 조심스레 꺼낸 말에 인사팀은 위로와 함께 궁금증을 풀어주었습니다.

"박 CD님 실력은 모두가 인정합니다. 그렇지 않고서야 우리 회사 CD 중 몇 년째 가장 높은 연봉을 받을 수 있을까요."

뜬금없이 왜 돈 이야기냐 하실 수 있겠습니다만, 저는 프로라면 결국 업적에 대한 보상만큼은 분명하게 인정받아야 한다고 생각했습니다. (최고의 연봉이라 해봐야 엄청난 금액은 아니었지만요.) 이렇게 확인하고 나니 직급은 마음에서 홀홀 털어버릴 수 있었습니다. 실력으로 인정받는 크리에이티브 디렉터로 더욱 성장하는 것만이 확고한 제 목표가 된 것입니다.

## 곁눈질이라는 사춘기

———

30년 가까이 제 직업에 자부심을 갖고 일하고 있지만, 저도 광고 크리에이터들에게 실망했던 적이 있었습니다. 1997년, 꿈나무 카피라이터로 한창 성장할 때였습니다. 매년 가을 무렵이면 활발히 진행되던 경쟁 비딩 횟수가 줄더니 회사 안팎에서 흉흉한 소식이 쏟아졌습니다. 회사와 일했던 클라이언트들이 하나둘 파산하거나 연쇄 부도를 냈고, 결국은 나라 전체가 외환위기를 맞아 IMF로부터 자금지원을 받기에 이르렀습니다.

광고는 경기를 많이 타는 비즈니스입니다. 경제상황이 좋지 않으면 기업들은 마케팅 비용부터 축소하기 때문에 당연히 광고계 일도 줄어들 수밖에 없습니다. 경제 거품이 꺼지면서, 당시 무리하게 사업을 확장하던 건설, 패션, 전자 등 핵심 클라이언트들이 도산하거나 사업을 중단하는 일이 발생했습니다. 회사도 그 여파를 감당하기 어려웠고, 결국 외국계 광고회사에 인수합병되면서 기존 사람들을 몰아내고 새 사람들이 들어오게 되었습니다.

회사는 당연하다는 듯 구조조정에 들어갔습니다. 제가 속한 본부는 화장품만 독자적으로 하던 별동부대였는데 본부가 거의 통째로 날아갔습니다. 많은 사람들이 짐을 쌌고, 유능한 크리에이터들이 아예 다른 업종으로 전환하기도 한 서글픈 시기였습니다.

당시 대리 3년차였던 제가 느낀 것은, 광고라는 콘텐츠 회사의 자산은 사람 빼고는 아무것도 없구나 하는 허망함이었습니다. 저는 그때 조직 구성원으로서 크리에이터의 인간적인 본성들을 봤습니다. 제가 멋지다고 생각하고 동경했던 카피라이터, 프로듀서, 아트디렉터 등 다양한 크리에이터들도 어쩔 수 없는 직장인이었습니다. 위기에 당면하고 나니, 좋은 아이디어를 만들기 위해서라면 호랑이도 잡아먹을 기세로 당당했던 그 멋진 크리에이터들은 온데간데없이 사라졌습니다. (솔직히 말하자면, 경기가 나빠지자 진짜 멋진 크리에이터들은 가장 먼저 자기 발로 회사를 떠났습니다.) 몇몇 선배들은 점령군 같은 외국계 회사의 수장들 옆에 붙어 기존에 함께 일했던 사람들의 실력을 비하하거나 노고를 부정하며, 자기만이라도 회사에 남기 위해 비굴한 모습을 보였습니다. 그들 또한 점령군이 데리고 온 사람들로 대체되며 상처 받고 떠나갈 수밖에 없었지만요.

크리에이터, 그들은 왜 일을 할까요? 뭐 대단한 답이 있을 것 같지만 결코 그렇지 않습니다. 회사라는 조직에 속해 있는 한 똑같을 수밖에 없습니다. 나와 가족을 먹여 살리는 사람으로서, 근본적으로 돈을 벌기 위해 일하는 회사원의 삶이기 때문입니다.

다행히 저는 소위 금값연차라 불리는 대리급 카피라이터였기에 더 큰 회사에 곧바로 이직할 수 있었습니다. 저의 세 번째 광고회사였습니다. 모 그룹의 외국 합자 계열사로, 일찌감치 구조조정 폭풍이 몰아친 후 새로 사람들을 충원하던 차였습니다. 그래서인지 회사 분위기도 전반적으로 냉랭했죠. 큰 전쟁을 치른 후 폐허가 된 도시를 복구하려는 분위기 같다고 할까요.

그런데 하필 제가 처음 출근한 날, 팀에 아무도 없었습니다. 알고 보니 팀 전원이 경쟁 프레젠테이션으로 밤샘 작업 후 쉬는 날이었더군요. 출근 첫날 팀이 텅 비어 있으니 회사의 첫 느낌도 얼마나 차가웠는지 모릅니다. 다행히 옆 팀에 아는 카피라이터 선배가 있어서 그날 제게 점심을 사주셨는데, 그 선배가 식사하다 말고 지친 얼굴로 의미심장한 말을 하는 겁니다.

"넌 광고를 왜 계속하려고? 난 영화 시나리오 쓰고 싶어서 지난주에 사표 냈어."

외환위기라는 고약한 사건은 많은 광고인을 한껏 흔들어 놓았습니다. 저 또한 광고회사 사람들이 보여준 직장인으로서의 본모습에 실망한 터라, 이 일을 계속했을 때 나에게 비전이 있을 것인가 의문이 들기 시작했습니다. 광고 말고 다른 콘텐츠 크리에이터로 살면 어떨까, '곁눈질'이라는 사춘기가 제 안에서 크게 소용돌이쳤습니다.

결정적으로, 제 얇은 귀가 팔랑거리도록 바람을 불어넣은 분이 나타났습니다. 대기업 브랜드의 노블티novelty를 만드는 회사 사장님이었습니다. 예전 회사 동료의 고향 선배이기도 했고, 가끔 업무상 카피 문구가 필요할 때면 제게 아르바이트를 의뢰했던 분이었는데 딱 그 타이밍에 나타나신 겁니다. 제안한 업무는 팬시한 감각이 필요한 노블티 사업. 본인의 회사에서 유통을 도와줄 테니 판매 수익은 7대 3으로 나누고 사무실도 회사 한쪽에 무료로 제공하겠다는 나름대로 달달한 제안이었습니다. 저는 결국 이직한 회사의 입사 서류 잉크가 마르기도 전에 사표를 던졌습니다.

제 사업 아이템은 잡지형 팬시상품이었습니다. 1998년, 온라인 시대가 열리기 전이었기에 10대 청소년들 사이에서는 예쁜 편지지나 메모지가 인기를 끌었는데요. 그들에게 필요한 생활 꿀팁을 놀이형 커뮤니케이션 툴에 결합한 상품으로, 나름대로 새로운 시도였습니다. 비주얼 아이디어는 광고 영상에서 힌트를 얻어 CF 스토리를 패러디해 디자인하거나, 고급스런 아트지에 선을 넣어서 접으면 메모지나 편지지가 될 수 있도록 만들고, 히트 카피를 모티브로 한 짧고 사랑스러운 문구를 곁들였습니다. 당시 유명했던 모 음악잡지의 부록

용으로 파일럿pilot 제품을 만들었을 때 사람들의 반응도 뜨거웠죠. 저는 야심과 자신감에 넘쳐 사장 직함을 달고 디자이너를 두 명 고용했고, 카피라이팅과 아이디어 디렉팅까지 직접 나섰습니다. 요즘으로 말하면 스타트업이 되겠네요.

그런데 상품이 팔리지 않았습니다. 매달 다른 컨셉으로 새롭게 완성도를 높여 만들었는데도 서너 달이 지나도록 곤지암 창고에 재고만 쌓여갔습니다. 다급해지니 기본을 다시 점검하게 되더군요. 아뿔싸! 그 과정에서 제가 가장 기본적이고도 중요한 두 가지를 검토하지 않았음을 깨달았습니다.

먼저 유통이었습니다. 사장님이 도와준다고 했던 유통은 일명 동대문 유통이라 하는, 교보문고 같은 대형 팬시매장이 아니라 동네 초등학교 앞 문방구에 제품을 뿌리는 것이었습니다. 판매 대상이 청소년이 아니라 초등학생이었던 겁니다. 단가 2000원의 팬시형 잡지는 코 묻은 돈으로 사기에는 너무 고가였고, 상품 컨셉 또한 아이들에게는 딴 세상 언어였습니다.

두 번째는 단가였습니다. 수익을 남기려면 단가 계산에 철저해야 했는데 저는 이 또한 그다지 고려하지 않았습니다. 기본을 무시한 큰 실수였습니다. 사업을 한다면서 시장조사는커녕 제품 가격이나 인건비 등 원재료 단가도 제대로 파악하지 않았던 거죠. 크리에이티브만 좋으면 무조건 팔릴 것이라 생각한 경솔함이 부른 실패였습니다.

저를 유인(?)하셨던 사장님은 저를 통해 뭔가 실험해보려 했던 건지, 아니면 제 사업이니 모른 척하신 건지 제 콘텐츠에는 일절 관여하지 않았습니다. 결국 퇴직금과 은행 대출이 8개월 만에 바닥나자 저는 사업을 접어야 했고, 디자이너들에게 퇴직금도 주지 못한 채 안녕을 고했습니다.

그리고 저는 다시, 광고를 그리워하기 시작했습니다. 고향으로 돌아가고 싶은 회귀본능이 발동한 겁니다. 잘할 수 있는 일에 더 열심히 매진할 것을, 잘 모르는 영역에 주제넘게 뛰어들었다는 후회가 밀려왔습니다. 다행히 운 좋게 광고회사로 바로 돌아올 수 있었지만요.


누구에게나 일하다 보면 곁눈질할 기회가 옵니다. 그런 기회도 나쁘지 않다고 생각합니다. 한 길을 걸으며 전문성을 쌓는 것도 멋지지만, 요즘 같은 시대에 경험의 확장은 전문성을 강화할 수 있는 또 다른 성장의 길입니다.

하지만 잊지 말아야 할 진리가 있다는 점을 강조하고 싶습니다. 곁눈질을 하려면 자신의 굳건한 신념 위에서 시작해야 한다는 사실입니다. 누군가의 유혹 때문이 아니라, 내가 정말 그 일을 하고 싶은지 근본적인 질문을 던지고 난 후에 시작해야 합니다. 그리고 그 일을 하기 위해 현재 내가 전문성을 완벽하게 갖추고 있는지 스스로 점검할 필요가 있습니다. 지금 내 눈높이와 실력으로 내 행동과 결과물에 대해 전적으로 책임질 수 있는지 확인하라는 뜻입니다. 단지 내 일에 대한 애정이 잠시 시들해져서 다른 거나 해볼까 하는 경거망동은 금물입니다.

비교적 씩씩하게 커리어를 쌓아왔다 생각했는데, 돌이켜보니 저도 이런저런 사춘기를 적잖이 겪었군요. 다행히 상사들의 배려와 동료나 선배님들의 조언으로 매번 그 고비를 잘 넘겼지만 결코 수월했다고는 할 수 없습니다.

한편으로는 사춘기를 겪었기에 지속해서 성장할 수 있었다고 생각합니다. 비 온 뒤에 땅이 굳는 것처럼, 어려움과 시련을 겪은 후에 사람은 더 강해지기 마련이니까요. 요즘 무작정 스타트업을 하겠다고 퇴사하는 후배들을 종종 보게 되는데요. 혹시 지금 그런 시기를 겪고 있다면, 제가 드리는 말에서 위로와 용기를 얻으시기 바랍니다.

# 자신의 한계와 싸우는 법

성장에 반드시 따라오는 불청객, 바로 사춘기입니다. 저는 둔감한 편인데도 젊은 시절 매번 아이디어 내는 일과 씨름하곤 했는데요. 어떤 때는 모두에게 놀림당하는 카피를 쓰기도 했고, 어떤 때는 아이디어를 내려고 온갖 방법을 바꿔가며 써본 적도 있습니다.

그뿐인가요, 누구나 한 번쯤 고민하는 '일이냐 나 자신이냐'의 기로에서 간신히 스스로를 지킨 적도 있고요. 여자라는 이유로 찾아오는 수난도 물론 겪어보았습니다. 이번에는 잊을 만하면 사춘기처럼 찾아왔던 고비를 제가 어떻게 넘겼는지 이야기해보려고 합니다.

## 내 머리가 내 맘대로 안 될 때

지금은 글을 쓰거나 아이디어를 내기가 예전처럼 어렵지 않지만 사회초년생 때에는 자주 고민에 빠졌습니다. '바로 이거야!' 하는 카피가 도저히 나오지 않을 때도 있었고, "이 카피의 어디가 재미있다는 거야?"라는 CD의 말에 가슴앓이도 했습니다. 하지만 마감은 다가오는데 일일이 낙심하다 보면 몸도 마음도 버티지 못합니다. 그러면 어떻게 해야 할까요? 제가 썼던 방법은 이렇습니다.

첫째, 도구를 바꿉니다.
저는 장비부터 갖추는 스타일입니다. 아이디어가 안 나오면 평소 쓰는 검정 펜이 아닌 컬러 펜으로 쓰거나, 대문호가 된 기분으로 만년필을 써보기도 했습니다. 숱한 시행착오를 거친 결과 펜텔의 검정색 굵은 사인펜이 가장 손에 익고, 무엇보다 헤드카피가 술술 써진다는 것을 알았습니다. 가격은 싸지만 누구보다 든든한 저의 지원군입니다. 한국에도 이 펜이 있나요? 지금도 회사 비전을 생각할 때면 이 펜을 꺼내들곤 합니다.
둘째, 장소를 바꾸고 시간을 쪼갭니다.
그래도 안 되면 카피를 쓰는 장소를 바꿔봅니다. 평소 존경하던 선배에게 어디서 좋은 카피가 나오냐고 물었더니, 저녁에 바에서 위스키를 마시며 생각하다 보면 자연스럽게 아이디어가 떠오른다고 하더군요. 회사 안에서 '이게 아니야, 저게 아니야' 하면서 마냥 씨름한다고 아이디어가 찾아오지는 않는다는 거죠. 저도 실행해 옮겨봤지만, 저는 술을 마시면 어쩔 수 없이 흥이 오르기 때문에 재미없는 것까지 재미있게 느끼고 마는 것 같았습니다. 바에서 쓴 카피를 맨정신으로 검토해보면 '이게 뭐지' 싶기만 해서, 이 방법은 패스!

그래서 술 대신 좋아하는 커피를 마실 수 있는 카페에 찾아갑니다. 30분 집중해도 아이디어가 떠오르지 않으면 그곳을 나와 서점을 배회하며 책 제목을 이것저것 들춰봅니다. 그리고 다른 카페에서 또 다시 30분간 집중. 사람의 집중력은 15분이라고 하는데, 저는 30분이 딱 맞는 것 같더군요. 게다가 15분만 앉았다 가려고 커피 한잔 값을 내는 게 아깝기도 했고요(웃음).

주위 사람들이 떠드는 백색소음도 제 머릿속 $\alpha$파(뇌가 아이디어를 내는 단계)를 가동시키기에 무척 유용합니다. 주위 사람들을 멋대로 상상 속으로 데려와 이런저런 대화를 시키는 것도 아이디어에 도움이 되었습니다. 말하자면 카페라는 헬스장에서 두뇌 운동을 하는 것입니다.

셋째, 수영을 하거나 목욕을 합니다.

이거다 싶은 카피가 떠오르지 않을 때에는 생각을 멈추고 전혀 다른 일을 합니다. 저에게 딱 맞는 활동은 바로 수영. 산책을 하는 분도 많던데, 저는 걷는 것보다 수영이 더 편합니다. 머리를 비우고 그저 수영에 집중하다 보면 갑자기 무언가 떠오를 때가 있습니다. 대부분 영상으로 떠오르는데요. 욕실 욕조에서 멍 때리고 있을 때도 아이디어가 찾아오곤 합니다. 아무래도 제 뇌는 물과 궁합이 좋은 모양입니다.

말하자면 뇌가 쾌적하게 느끼는, 즉 $\alpha$파가 나오는 공간이나 시간을 잘 파악한다면 괴로움 없이(적어도 덜 괴롭게) 아이디어를 낼 수 있습니다. 나의 뇌를 기분 좋게 만들어주는 것은 평소 일상생활에도 도움이 된다고 생각합니다.

넷째, 다른 사람의 이야기를 듣고 그 사람의 어휘를 흡수합니다.

사람은 자신이 알고 있는 것밖에 표현하지 못합니다. 예를 들어 맥주를 표현한다 해도 어휘가 한정적이면 맛있다, 갈증을 해소해준다, 여름철 더운 날 마시고 싶다는 정도밖에 말하지 못합니다. 카피라이터가 이래선 안 되죠. 말로 가치를 높이는 직업이기 때문에 "매미가 운다. 지금이 바로 맥주를 마실 시간", "맥주의 맛은 거품으로 결정된다" 같은 다양한 표현을 쓸 줄 알아야 합니다. 여러분의 일상 속 순간들을 그냥 지나치지 말고 잡아내보세요.

특히 새로운 프로젝트에 들어갈 때는 되도록 해당 공장이나 연구소를 방문해 일하는 사람들의 생생한 이야기를 들으려고 합니다. 마케팅팀이 주는 자료만 보는 게 아니라, 실제로 물건을 만드는 사람이나 전문가와 이야기하는 거죠. 그들의 단어는 제가 사용하는 것과 확연히 다릅니다. 전문용어라 해도 완성된 제품 기준으로 말하기 때문에 쉽게 이해할 수 있습니다. 이런 흥미로운 이야기도 들을 수 있죠.

"물을 여과할 때 가열하느냐 하지 않느냐에 따라 맛 차이가 난다."

"브래지어는 디자인만 중시할 것이 아니라, 200번 세탁(주 2회 착용 기준으로 약 2년 사용한다고 가정했을 때)해도 모양이 틀어지지 않도록 봉제한다."

"고추는 같은 품종이라도 흙에 함유된 미네랄에 따라 매운 정도가 달라진다(실제로 한국 흙에서 자란 고추와 일본 흙에서 자란 고추는 매운맛이 달랐습니다)."

"유명 위스키 마스터는 무슨 이유에서인지 매일 같은 메뉴로 점심을 먹는다고 한다."

뒷이야기가 궁금해지지 않나요? 나와 전혀 다른 환경에 있는 사람들의 이야기를 듣는 것은 내 머릿속에 비료를 주는 작업 같아서 굉장히 좋아합니다. 일이 잘 안 풀릴 때만 하기보다 평소에도 꾸준히 하려고 노력하고 있습니다.

## 광고주에게 영혼을 판 대가

물론 저에게도 부끄러운 일화가 많이 있습니다. 매사에 긍정적인 편이지만 스스로 한심했던 적이 왜 없었을까요.

어떤 영화 카피를 썼을 때 일입니다. 영화 카피를 쓸 때는 줄거리를 상상하게 만들면서도 누구도 본 적 없는, 누구나 보고 싶어 할 만한 작품이라는 점을 어필해야 합니다. 한마디로 굉장히 어려운 작업이라는 겁니다.

그 영화는 미국에서 사용한 비주얼을 쓰기로 했기 때문에 저는 카피만 쓰면 됐습니다. 하지만 족히 100개는 썼는데도 클라이언트 부장님의 컨펌이 나지 않았습니다. 그가 기대했던 것은 당시 유행하던 할리퀸 로맨스 책 표지에 있을 법한, 가슴 터질 듯 뜨거운 사랑을 연상시키는 카피였습니다. 뜻이 맞지 않아 광고주 미팅만 5번 넘게 한 끝에 저는 겨우겨우 타협해서 할리퀸 로맨스 풍 카피를 완성하기에 이르렀습니다. 그는 매우 좋아하며 컨펌을 해줬는데, 정작 포스터에 얹고 나니 카피와 비주얼이 도무지 어울리지 않았습니다.

결과요? 타깃은 20대 직장인인데 실제 관객은 40~50대 여성뿐, 게다가 내용도 기대했던 것과 달라서 사람들이 영화를 보다 중간에 나가는 사태가 속출했습니다. 포스터 카피만 보면 해피엔딩 같은데 주인공 커플은 결국 죽고 말거든요. 그 야말로 폭망! 지금이라면 틀림없이 SNS에서 '망한 카피'라며 돌아다녔을 겁니다. SNS가 없던 시대라 다행이었습니다.

회사 제작국에는 그 포스터가 한 달가량 벽에 붙어 있었습니다. "오카무라 씨가 이런 카피를 썼네!" 하고 놀림도 당했죠. 괴롭힘은 아니었고요, 당시 제가 일하던 층에서는 좋은 작품이나 시원찮은 작품을 사람들이 다니는 곳에 붙여놓고 "여기가 좋다, 여기를 바꿔야겠다" 같은 의견을 커피 한잔 하며 나누곤 했거든요. 일종의 반면교사용이었는데, 이번엔 제가 그 주인공이 된 거죠. 망신이 따로 없었습니다.

하지만 그렇게 얻은 조언은 도움이 됐습니다. 저도 그 포스터를 작게 뽑아 책상 앞에 반년간 붙여놓았습니다. 다시는 저런 실패를 되풀이하지 않겠노라는 다짐이었죠.

교훈은 뭐냐고요? 카피라이터는 클라이언트에게 영혼을 팔면 안 된다는 겁니다. 소비자의 대변인이기도 하니까요.

## 성공을 잡을 것인가, 사생활을 위할 것인가

덴츠의 크리에이터는 마치 서바이벌 오디션 참가자들 같습니다. 좋은 성과를 내면 유명 CD가 여기저기서 불러주기 때문에 주목받는 캠페인의 일원이 되어 이름을 떨칠 수 있습니다. 당시 제작국에는 총 600명 정도가 있었는데, 어떻게든 눈에 띄기 위해 모두가 치열하게 경쟁했습니다.

어느 날, 메이저 광고대행사에서 활약하다 독립한 CD에게서 오퍼가 들어왔습니다. 규모가 큰 캠페인을 담당하게 된 그가 카피라이터로 저를 지명한 것입니다. 기쁜 일이었죠. 미팅할 때도 다른 CD와는 스타일이 달라서 즐거웠고, 전략부터 크리에이티브까지 이어지는 전개 또한 대담했으며, 프레젠테이션도 시쳇말로 사기꾼 같아서(칭찬입니다) 과거 보았던 굉장한 캠페인이 이렇게 탄생했구나 싶어 진심으로 감탄했습니다.

하지만 문제가 있었습니다. 그 CD와의 미팅은 일주일에 세 번, 저녁 6~7시경 모여서 2시간 정도 회의한 뒤 다 같이 저녁을 먹으러 갔다가 노래방으로 직행하는 코스였습니다. 해산하는 시간은 보통 새벽 3시. 심지어 여성이 저뿐이었기 때문에 CD 옆에 앉아 술 따라주는 역할까지 떠맡았습니다. 일본에는 여성이 남성의 잔이 비면 술을 따라주는 관행이 있는데요, 요즘은 성희롱이라는 인식이 생겨 많이 줄었습니다만 당시에는 당연시되고 있었습니다. 무엇보다 일주일에 세 번씩이나 새벽까지 술을 마시는 것이 저에게는 너무나 힘들었습니다. 술을 안 마시기라도 하면 옆에서 "마셔, 마서!" 하고 권하기 때문에 피할 수도 없었습니다.

당시 저는 업무능력이 한창 오를 때라 여러 유명 CD에게서 오퍼를 받고 있었고, 그들이 기대하는 카피나 아이디어 수준이 있기 때문에 한층 폭넓고 깊게 생각해야 했습니다. 그런데 새벽 3시까지 술자리를 지켜야 하니 제 일과는 어떻게 되었을까요? 데이트 약속을 깨는 것은 일상다반사, 결국 사귀던 남자친구와 헤어졌습니다. 수면시간도 부족했고, 건강도 당연히 나빠졌습니다. 무엇보다도 노래를 부르거나 술 마시는 것보다 그저 아이디어를 내는 데 집중하고 싶다는 마음이 굴뚝같았습니다.

해결책은 뭐였냐고요? 회의 때마다 괴짜 같은 아이디어, 실현하기 힘든 아이디어를 계속 내기 시작했습니다. 처음에는 "역시 여성의 시각은 참신하다"고 호평했지만, 매번 이상한 아이디어만 내자 질렸는지 언제부터인가 미팅시간을 알려주지 않더군요. 탈출 성공! 약간 아쉽기도 했지만요.

팀에서 빼달라고 솔직하게 말하면 되는 것 아니냐고요? 저는 뒤늦게 제작국으로 이동해 카피라이터가 되는 바람에 한동안 일이 없는 힘든 시간을 경험했습니다. 그런 터라 내 입으로 먼저 'No'를 말한다는 것은 생각도 못할 일이었습니다. 게다가 왜 빠지고 싶은지 말해야 하는데, '술자리에 가기 싫다'는 부차적인(?) 이유를 댄다면 업계에서 미운털이 박힐

게 분명했습니다.

다행히 그 CD는 당시 흔하지 않던 프리랜서 신분이었기 때문에 자신의 고정 팀 없이 한 가지 일에 세 명의 카피라이터를 참여시켜 경쟁하듯 아이디어를 짜게 하는 방식으로 일했습니다. 제가 빠져도 두 명이 남으니 민폐 끼칠 일도 없었습니다.

대규모 캠페인에 참여할 기회를 잡을 것이냐, 내 건강을 지킬 것이냐. 저는 후자를 택하고, 아무도 상처 주지 않는 방법으로 업무에서 벗어났습니다. 스스로에게 죄책감은 없었습니다만, 팀 사람들은 제가 벗어나고 싶어했는데도 도움을 주지 못한 게 미안했나 봅니다. 시간이 지난 후, 담당 기획이 슬쩍 말하더군요.

"괴짜 아이디어 일부러 낸 거지? 그런데 우리도 지켜주지 못해 미안했어."

내 마음을 알아주는 사람이 있어 다행이에요. 안심했습니다.

### '이런 여자애'라고요?

최근 전 세계에서 성차별이 뜨거운 화두로 떠오르고 있습니다. 승진이 늦거나 급여가 차이 나는 등의 문제점 또한 수면 위로 드러나고 있고요. 저는 둔감해서인지 크게 의식하지 않으면서 살았습니다만, 차별이 아예 없었다면 거짓말이겠죠.

제가 CD가 된 지 얼마 되지 않았을 때의 일입니다. 클라이언트에게 프레젠테이션을 하러 갔더니, "덴츠는 우리 회사를 우습게 보는 건가? 이런 여자애를 보내다니!" 하고 화를 내는 것입니다. '경력 없어 뵈는 어린 여성을 담당으로 앉히다니'의 축약 버전이겠죠. 물론 모욕을 담아서요.

저는 충격 받아 아무 말도 할 수 없었습니다. 다행히 기획담당이 "잠시만요. 물론 아직 젊지만, 실력이 있기 때문에 남들보다 일찍 CD가 된 겁니다. 지금부터 오카무라 씨가 설명하는 내용과 최종적으로 완성되는 결과물을 봐주시기 바랍니다. 그때도 만족스럽지 않다면 앞으로 덴츠와 거래하지 않으셔도 좋습니다"라고 말해줬고, 덕분에 저는 무사히 프레젠테이션을 마칠 수 있었습니다.

결론부터 말해보자면, 그 클라이언트와는 이후로 오랫동안 함께 일했습니다. '애송이 여자' 취급에 맞서려면 뭐든 결과로 보여줄 수밖에 없죠. 다행인지 불행인지, 요즘엔 아무도 저를 '여자'로 대하지 않는 것 같지만요(웃음).

**Park**

그렇게 힘든데도 크리에이터로 일하는 이유가 뭘까요?
열 번 넘어져도 한 번 일어설 때의 희열 때문이죠.

**Okamura**

'애송이 여자' 취급에 맞서는 가장 좋은 방법은
무엇이든 결과로 보여주는 것입니다.

4부

# 성숙기

## 크리에이터의 존재감 덜어내기

# 나의 존재감, 우리의 존재감

∨

많은 크리에이터들이 철없다는 말을 듣습니다. 생각을 자유롭게 표현하는 게 습관이 되어서 그렇게 보이곤 하죠. 하지만 그런 크리에이터에게도 성숙함은 필요합니다. 이때 성숙함이란 생각의 경계를 넓히고 아이디어를 중심으로 팀워크를 이끌어내는 완성도를 말합니다.

저는 내 아이디어만으로 꽉꽉 채워야 직성이 풀리던 시기를 지나, 내 아이디어와 남의 아이디어가 충돌하면서 섞이는 시기, 그리고 팀원들의 아이디어를 모아 하나의 방향으로 완성하는 시기를 거치며 차츰 성숙해졌고, 자연스럽게 크리에이터에서 디렉터로 변화했습니다.

## 크리에이터의 일은 존재감을 심는 것

지금 회사로 이직한 것은 2000년 차장 카피라이터 시절이었습니다. 소비자와 가까이 있는 다양한 생활 브랜드를 경험하고 싶어서였는데요. 처음 합류한 팀은 팀원이 9명이나 되는 대형 팀인 데다 다들 연차가 굵직했습니다. 그러다 보니 자기 아이디어에 대한 책임감도 욕심도 많아서 경쟁이 뜨거웠고 야근은 일상이었습니다. 회의할 때는 열정적인 토론이 펼쳐졌고, 때로는 자기 아이디어를 주장하는 과정에서 크게 다투기도 했습니다. 실내 흡연이 일상이었던 때라 회의실에서 아이디어 각축전을 벌일 때는 뿌연 담배연기 속에 잠겨 있어야 했는데, 담배를 피우지 않는 저에게는 고통이었지만 다들 어찌나 진지했던지 그깟 담배연기는 대수롭지 않았습니다. 자연스러운 업무 환경이었다고나 할까요.

그야말로 뜨거운 시절이었습니다. 어떤 캠페인이건 내 아이디어가 채택되고 방송에 나가고 소비자 반응에 이르는 모든 과정은 팀원들과의 경쟁이자 팀 간의 경쟁, 그리고 스스로와의 싸움이었습니다. 게다가 크고 작은 프로젝트를 끝내거나 경쟁 프레젠테이션을 마치고 나면 집에 그냥 가지도 못했습니다. 팀장부터 팀원까지 모두 모여 팀워크를 다지는 회식도 업무의 연장이었습니다. 어찌나 회식이 잦았는지 1주일에 서너 번은 모였던 것 같네요. 그러다 보니 체력 소모가 컸습니다. 제가 속한 팀만 그랬던 것이 아니라, 회사를 막론하고 대부분의 광고 크리에이터들은 이런 환경과 분위기에서 거칠게 일했습니다.

그런데 이상하게도 저는 그 시절이 즐거웠습니다. 열정이 살아 있고 생각의 에너지가 넘치던 그때 그 시절 그 사람들과 일하는 시간은 그야말로 매력적이었습니다. 연차가 쌓이면서 업무 강도도 세졌지만 그만큼 일은 더 흥미로워졌습니다.

흔히들 창작의 고통이 클수록 기쁨도 크다고 합니다. 광고라는 창의적인 일은 비록 과정은 정말 힘들지만, 내 아이디어가 클라이언트와 사람들에게 인정받고, 멋진 유명 모델이 내가 쓴 카피를 진지하게 읽어주고, 주변인들이 캠페인을 칭찬해주고 세상에 널리 알려질 때 큰 보람을 느낄 수 있습니다. 몇 번씩 수정에 수정을 거듭하고 나서 캠페인이 완성될 때 느끼는 흐뭇함이란, 마치 산 정상에 올라 '야호'를 크게 외치는 기분과 같습니다.

크리에이터들의 1차 목표는 팀 내 아이디어 경쟁에서 이기는 것입니다. 하지만 내 안에서 탄생한 크리에이티브가 팀 회의에서 채택되고 클라이언트에게 승인된 후 실행에 이르기까지는 숱한 사람들의 손을 거치게 되고, 당연히 변형되기도 합니다.

나의 오리지널 아이디어, 그 원형을 지키기란 어떤 콘텐츠를 만들건 모든 크리에이터들에게 쉬운 일이 아닙니다. 내부 리뷰를 해주는 선배들의 감성이나 클라이언트 의사결정권자의 성향에 따라 바뀔 수도 있고, 심지어 전혀 다른 모습이 되기도 합니다. 내 아이디어가 본 모습 그대로 끝까지 살아남을 때, 비로소 경쟁에서 완전히 이겼다는 기분이 듭니다.

그래서 저는 완전히는 아니더라도, 가급적 내 아이디어의 원형을 지킬 수 있도록 고집하는 근성을 보이곤 했습니다. 클라이언트에게 가서 원래의 스토리를 끝까지 설득하기도 했고, 뜻대로 되지 않으면 받아들이기 힘들어 좌절하기도 했습니다.

크리에이티브가 대체 뭐기에 이렇게 스스로를 갈아넣는 걸까요? 한마디로, 크리에이티브는 크리에이터의 '존재감'입니다. 내 흔적, 내가 만들어낸 아이디어와 카피는 내 존재를 드러내는 또 다른 나와 다름없습니다. 당연히 '내가 생각해낸 그 아이디어는 전체 콘텐츠 안에서 어떤 모습으로 숨 쉬고 있을까'를 계속 생각하게 됩니다.

아이디어를 이런 방향으로 전개하고 저런 모습으로 완성시키면서 내 감성과 스타일 일부를 캠페인 전체에 심는 과정이 크리에이티브입니다. 다시 말해 크리에이터들에게 크리에이티브는 콘텐츠 안에서 자신의 존재감을 확인하는 작업인 셈입니다.

그래서 자기가 맡은 프로젝트의 아이디어를 밤낮으로 생각하고, 회사를 벗어나 집에 가서도 늘 머릿속에 아이디어의 방을 따로 만들어 집중하고 집착하는 것입니다. 광고'쟁이'라는 표현도 그래서 생겨났죠. 결국 이 존재감, 그리고 존재감을 확인하는 과정이 자신의 창의력을 계속해서 이끌어가는 동기가 됩니다.

한 캠페인 안에는 많은 크리에이터의 크고 작은 존재감이 담겨 있습니다. 전체적인 컨셉 아이디어부터 카피, 비주얼 요소, 레이아웃과 임팩트, 컬러 등의 구성이 잘 어우러져 하나가 될 때 캠페인은 완성됩니다.

하지만 이 안에서 아이디어의 핵심, 즉 누군가의 존재감은 확연히 두드러질 수밖에 없습니다. 보통은 크리에이티브 부서의 수장인 CD가 자신의 존재감을 심으며 마무리합니다. 팀원들의 아이디어를 컨셉이라는 방향에 맞게 조율하고 조화롭게 채우는 작업을 하는 것입니다. 이 작업을 잘하는 CD가 후배들에게 존경받습니다. 진짜 리더십은 실력에서 나온다는 말과 일맥상통한다고나 할까요. 크리에이티브 리더십은 많은 크리에이터들의 존재감을 어떻게 조율해 하나로 완성시키는가에 달려 있습니다.

## 디렉터의 일은 나의 존재감을 빼는 것

한국에서 CD Creative Director라는 직책이 일반화된 것은 2000년대 초반입니다. 원래 광고업계에서는 '제작팀장'이라고 불렸는데, 글로벌 광고대행사들이 국내에 들어오면서 바뀐 것으로 기억합니다.

하지만 엄밀히 말하자면 팀장과 디렉터는 역할부터 다릅니다. 팀원들을 관리하고 리드한다는 점은 같지만, CD는 아이디어와 캠페인을 디렉션 direction하면서 크리에이터 자격으로 아이디어의 리더십을 이끄는 역할까지 맡고 있습니다. 크리에이터로서 한층 강화된 전문성을 요구받는 거죠.

저는 연차가 높아지면서 직접 클라이언트에게 보고할 기회를 자주 갖게 되었고, 당시 팀장님이 퇴사를 하면서, 담당했던 모 제과 클라이언트의 추천으로 CD가 되었습니다. 처음 맡은 팀은 신입사원 두 명에 대리 두 명, 말하자면 연차 낮은 팀원들로만 구성된 팀이었습니다. 그러다 보니 자잘한 일에도 제 손 갈 곳이 많았습니다. 카피는 제 손길을 거쳐야 완성됐고, 주니어들의 아이디어는 마냥 성글어 보여서 저는 아이디어 내랴, 카피 쓰랴, 정리하랴 정신없이 바빴습니다.

그 시기, 겉으로는 잘하고 있는 것처럼 보였겠지만 실상은 몇 년 동안이나 미숙한 리더였습니다.

'미녀는 석류를 좋아해'라는 음료를 기억하실 겁니다. 모두에게 어필한 성공적인 캠페인이었지만 저는 제 미숙함을 깨닫게 해준 사례로 떠올리곤 합니다. 당시 클라이언트는 론칭 캠페인을 시작할 때, 제가 카피라이터 출신이니 네이밍부터 캠페인까지 통합적으로 제안해달라 요청했습니다. 그 무렵, 저는 우연히 들른 영화관 복도에 전시된 〈신사는 금발을 좋아해〉라는 옛날 영화 포스터를 보고 영감을 얻어 '미녀는 석류를 좋아해'라는 네이밍을 완성했습니다.

클라이언트 반응도 긍정적이었습니다. 음료 같은 저관여 제품은 광고에서 브랜드 인지도만 만들어주면 절반은 성공하는 시절이었기에, 이 독특한 네이밍에 맞춰 모든 아이디어를 전개했습니다.

크리에이티브 전략은 브랜드명에 걸맞은 스토리를 만드는 것이었습니다. 시나리오는 이렇습니다. 여자들은 가끔 거울을 보면서 자기가 예쁘다고 생각할 때가 있으니까, 이 '자뻑' 심리를 전파력이 좋은 수단인 노래로 풀어내는 것입니다.

"미녀는 석류를 좋아해. 자꾸자꾸 예뻐지면 나는 어떡해, 거울 속의 나를 보면 정말 행복해.

미녀는 석류를, 미녀는 석류를 좋아해."

이 짧은 가사가 나오기까지 수십 번은 고쳐 썼고, 노래를 제작할 때도 명확한 가이드라인을 제시했습니다. 브랜드명이 세 번 정도는 등장할 것, 가사는 피식 웃음이 나는 정도로 재미있고 여자들이 공감할 것, 동요처럼 쉬운 리듬과 음정을 반복해 아이들도 따라 부르게 할 것. 협업했던 프로덕션 감독님도, 작곡을 담당했던 오디오 감독님도 제 강한 원칙에 맞춰 수십 차례 수정을 거듭했습니다. 마지막으로, 이 노래를 불러줄 차별화된 모델을 찾다가 여자보다 더 아름다운 남자를 발견하게 됐고요.

광고가 나가자 캠페인은 물론 음료 또한 폭발적인 인기를 끌었습니다. 유통점에 제때 공급하지 못할 만큼 불티나게 팔렸고 노래도 전 국민이 부르는 히트송이 되었습니다. 다양하게 패러디되어 퍼진 것은 말할 것도 없습니다. 결과만 놓고 보면 대성공 캠페인이었습니다.

하지만 제 이야기의 핵심은, 일을 그렇게 해서는 안 됐다는 것입니다.

'미녀는 석류를 좋아해' 광고

언제나 그렇듯이, 많지 않은 경험에서 섣불리 만들어진 성공공식은 문제를 일으킵니다. 저는 팀원들이 어리다고 무시한 채 몇 개월 동안 혼자 고민했고, 팀 회의도 거의 하지 않았습니다. 그런데 모든 일이 하나씩 내 의도대로 풀려가니, 이렇게 일하는 게 옳다고 단단히 착각하게 되었습니다.

그렇게 제가 일을 독단적으로, 주관대로 몰아붙이는 과정에서 팀원들의 불만은 눈덩이처럼 커졌습니다. 캠페인은 성공적이었을지 몰라도, 나중에 그들의 솔직한 이야기를 듣고 저는 충격에 빠졌습니다. 캠페인을 진행하는 동안 팀원들은 전혀 즐겁지 않았고, 팀원 모두가 내 일이라고 생각하지 못했다는 이야기였습니다.

팀원들도 크리에이터로서 자기 아이디어를 제시하거나 아이디어의 원형을 지키고 싶었을 겁니다. 하지만 저는 제 가이드라인 아래서만 아이디어를 내게 했고 그조차 하나하나 제 손을 탔으니, 캠페인 안에서 자신들의 존재감이 사라져 팀원들은 속상함이 극에 달했던 겁니다.

제 입장에서는 어린 연차의 아이디어를 믿고만 있을 수 없어서 완성도를 높이려 했다며 변명하고 싶었습니다. 하지만 실은 내 머릿속에 있는 내 아이디어에 모든 것을 맞춰 정리하는 습관이 저도 모르게 있었던 겁니다.

저는 팀원일 때 내 아이디어가 100만큼 꽉 차야만 캠페인 안에서 내 존재감을 느낄 수 있었고 크리에이터로서도 행복을 느꼈습니다. 하지만 리더의 역할은 그것이 아니었습니다. 리더가 되고서도 내 존재감 100을 고집했으니 저는 미숙해도 한참 미숙한 CD였습니다. 만약 제가 팀원들의 아이디어를 세심히 듣고 반영했다면 또 다른, 더 좋은 캠페인이 나왔을지도 모릅니다.

이전까지 저는 크리에이티브란 정말 이기적인 자산이라고 생각했습니다. 물론 전문성을 요하는 카피라이터, 아트디렉터, 프로듀서로 일할 때는 어느 정도 맞는 말입니다. 주관적이고 이기적일 수밖에 없습니다. 하지만 CD가 되고 나서는 아닙니다. 그때는 맞고 지금은 틀린 일입니다.

시대에 맞춰, 현재 포지션에 맞게 자신의 일을 다시 정의하는 과정은 무척 중요합니다. 디렉터가 됐을 때도 단호하게 나를 다시 정의할 필요가 있습니다. 캠페인 안에서 나의 존재감을 꽉꽉 채우려 했던 이기적인 CD는 한참 지나서야 비로소 '나는 카피라이터가 아니다. 나는 더 이상 아이디어를 생산해내는 크리에이터가 아니다'라는 선언을 스스로에게 할 수 있었습니다.

그러기 위해서는 내 안에 꽉 차 있는 '카피라이터'라는 전문 크리에이터를 빼야 했습니다. 카피라이터가 근간인 나에게서 나를 빼낸다는 것은 생각 이상으로 슬프고 허무한 일입니다. 내게 남은 내가 0이 되는 것 같습니다.

하지만 내 전문성을 버려야 스스로 한 걸음 나아갈 수 있다는 사실을 받아들였습니다. 협업을 통한 창의적인 콘텐츠 작업에는 '나'라는 한 방은 없고 원맨쇼도 통하지 않습니다. 팀원이자 크리에이터에게는 자신의 존재감을 캠페인 안에 꽉 채워넣는 것이 스스로를 이끄는 리더십이지만, 디렉터의 리더십은 반대로 캠페인 안에서 나의 존재감을 빼는 겁니다.

디렉터로서의 크리에이터란, 팀 크리에이터들의 생각을 통합이라는 관점으로 이끄는 사람입니다. 그야말로 크리에이티브의 리더가 되는 거죠. 내 아이디어를 잘 내려고 하기보다, 팀원들의 아이디어에 불을 붙여주는 사람이 되어야 합니다. 그 불꽃을 지피는 일이 디렉터의 아이디어이자 리더십이니까요.

## 여자인 덕분에, 여자이기 때문에

────────

회사에 여성 CD가 저 혼자이던 시절, 클라이언트 보고에 들어가면 집중도가 몇 배는 높아지는 것을 여러 번 느꼈습니다. 앞 회의 때까지 졸던 임원들이 화들짝 깨어나 제 보고에 집중했다는 클라이언트의 이야기를 지금도 기억합니다.

그래서 CD 초년 시절에는 여자인 덕을 톡톡히 봤습니다. 남자 CD들은 아무래도 보고 형식이나 어투가 다소 딱딱하기 때문에 클라이언트들에게는 뻔해 보일 수도 있었을 겁니다. 게다가 CD는 당연히 남자라는 인식이 있었으니, 저는 성별만으로 이미 특이한 존재였습니다. 재미있는 캠페인을 보고할 때는 '여자 입에서 저런 거침없는 말이?' 하고 클라이언트를 당황시키는 경우도 적잖았습니다. 보고하는 아이디어마다 한결 수월하게 팔렸던 이유인지도 모릅니다.

한 번은 공사 현장에 캠페인 브리핑을 하려고 들어간 적이 있습니다. 경쟁 피치로 광고를 수주한 공기업 쇼핑몰이었는데요, 들어가는 순간 숨이 턱 막히는 줄 알았습니다. 클라이언트 임원진이 50명쯤 있었는데 죄다 남자였거든요. 하필 그날따라 저희 스태프도 저 빼고 다 남자였습니다. 하얗고 노란 안전모를 쓴 수십 명이 어쩌나 무뚝뚝한 인상이던지, 딱 봐도 마케팅에는 관심 없다는 분위기여서 자칫하면 아무 반응도 성과도 없이 브리핑이 끝나겠다는 위기감이 엄습했습니다. 첫 발언으로 이 분위기를 깨고 기선제압을 해야겠다는 생각이 순간적으로 스쳤습니다.

"지금 여기 계신 수십 명 중에 저 혼자 여자인 거 아세요? 지금 짓고 계시는 쇼핑몰의 핵심 타깃도 여자이니, 지금부터 제가 보고하는 내용은 다 진리라고 생각하시면 됩니다. 댁에서도 사모님 말씀엔 토 달지 않으시잖아요."

젊은 여자가 자기 머리보다 두 배쯤 큰 안전모를 뒤집어쓰고 나타나 대뜸 이런 말을 던지니 모두들 와자하게 웃으며 박수를 쳤습니다. 덕분에 끝까지 제 리듬을 유지하며 기분 좋게 브리핑을 마쳤습니다. 이밖에도 광고계에 여자가 드물었던 덕을 본 적이 적지 않았습니다. 회사에서는 어려운 클라이언트 보고는 무조건 저를 시키면 된다는 우스갯소리가 돌기까지 했으니까요.

남성들은 상명하복 문화에 익숙하기 때문에 클라이언트가 '이렇게 수정하세요'라고 하면 '네' 하고 대답했지만 저는 그러지 않았습니다. 연차가 비슷한 남성 CD들보다 나이도 어리고 젊다는 제 특성도 한몫했고, CD 중 유일한 여자라는 점 또한 당시에는 차별성이 됐을 겁니다. 아무리 지체 높은 클라이언트 보스라도 이치에 맞지 않는 말을 하면 "제 생각은 조금 다른데요", "이렇게 한번 생각해주시면 어떨까요?" 라고 의견을 제시했고 어느 정도는 통했습니다. 젊은 리더의 주장이어서 수용했던 건지, 여성 리더의 주장이라 낯설어서 받아들인 것인지는 모르겠습니다.

이런 자세는 존경하던 선배들을 보며 배웠습니다. 그중 한 분은 제게 늘 이런 말씀을 하셨습니다.

"크리에이티브란 결국 크리에이터의 몫이다. 크리에이터는 자신의 아이디어를 패기로 삼아야 한다."

그런데 제가 자기주장을 더할 때마다 남자 기획팀장님이나 본부장님은 늘 불안해했습니다. 회식자리에서도 '어디 겁도 없이 클라이언트 사장님 앞에서 주장을 하냐', '그냥 다음부터는 예, 하고 다 맞춰드려', '여자니까 클라이언트가 봐주는 거야'라는 충고 아닌 충고를 듣기도 했습니다. 거기서 그치지 않고 '여자라 조직의 생리를 잘 모른다', '일보다는 클라이언트와의 관계를 중요시해야 한다'는 말까지 화살처럼 날아왔습니다.

맞는 말일 수도 있다고 생각합니다. 하지만 제가 의견을 주장하고 설득하려 했던 것은 제가 여자라서가 아니라, 그것이 제 스타일이었기 때문입니다.

만약 제가 남자였다 해도 똑같이 했을 겁니다. 클라이언트 실무자와 크리에이터들이 한 달, 길게는 몇 달 동안 머리를 싸매고 협의하고 수정해서 만든 캠페인이 의사결정권자의 한마디에 무너지게 놔두는 일은 우리 스스로의 전문성을 부정하는 것이라 생각하기 때문입니다. 저는 지금도 크리에이터로서의 소신을 지킨 데 대해 후회하지 않습니다.

다만 제가 몰랐던 점이 있습니다. 저는 주위를 섬세하게 바라보거나 남에게 공감하는 감성이 돋보인다는 말은 들었지만, 사람을 관리하는 방법은 잘 몰랐습니다. 특히 남자 팀원들에게 어떻게 리더십을 발휘해야 하는지 잘 몰랐습니다. 함께 일했던 남자 팀장님들이나 본부장님들의 카리스마를 흉내 내는 것이 고작이었습니다. 일은 일이고 인간관계는 인간관계니, 일할 때는 엄격하게 대하고 때때로 회식을 시켜주거나 생일을 챙겨주면 되는 거라고 생각했습니다.

다이어리에도 그런 고민을 적곤 했습니다. 16년차가 된 2006년, 다이어리의 10월 첫날에는 이렇게 썼더군요. "크리에이티브 디렉터에게는 두 가지 체온이 있다. 차가운 판단의 온도와 따스한 마음의 온도."

그리고 며칠 뒤에는 '경청=두 가지 체온을 지키는 태도'라고 적어두었습니다. 왜 저는 등호(=) 표시를 했을까요?

경청이란 '귀 기울여 듣는다'는 뜻입니다. 표정이나 표현까지 포함해 밑바닥에 깔린 감정까지 다 들어준다는 의미로, 따스한 태도이자 낮은 자세입니다. 이러한 태도를 갖춰야만 비로소 차가운 판단을 내릴 자격이 생긴다는 의미로 적어둔 기억이 납니다. 당시 본부장님이 한 말씀을 정리해서 써놓은 흔적이었습니다.

성숙한 크리에이티브 리더로 인정받으려면 경청이 진리라고 생각합니다. 나를 낮추고 귀 기울여 듣는 것. 물론 실행하기는 정말 어렵습니다. 지나고 보니, '그때 그럴 수 있었다면 지금쯤 훌륭한 리더가 돼 있겠지' 싶은 후회가 물밀 듯이 밀려오는군요.

지금 제 모습은 어떨까요? 오늘, 오랜만에 다이어리를 펴봐야겠습니다.

## 과격하게 또는 겸허하게

'크리에이티브 디렉터'라고 하면 무엇이 떠오르나요? 드라마를 좋아하는 분들이라면 미국 드라마 〈매드맨〉의 주인공 '돈 드레이퍼'를 떠올릴지도 모르겠습니다. 1960년대 뉴욕을 배경으로 한 광고대행사 CD 이야기입니다. 그는 잘생긴 외모에 항상 멀끔하게 정장을 갖춰 입고, 프레젠테이션을 잘하며 결단력도 있습니다. 소소한 치약이나 세제 광고도 멋진 작품으로 완성해내죠. 여성에게 인기도 많고, 가끔 위스키잔을 기울이며 휴식을 취하는 지극히 남성적인 캐릭터였습니다.

당시에는 여성 CD를 상상하기 힘들었습니다. 제가 CD가 된 지 얼마 안 됐을 때 미국 언론이 취재하러 온 적이 있는데요. '어떻게 하면 전 세계에 여성 CD가 늘어날 수 있을까요?'라 묻기에 '할리우드에서 여성 CD가 주인공인 멋진 영화나 드라마를 만들어주면 좋겠다'고 했더니 웃더군요. 그만큼 현실성 없는 이야기였나 봅니다.

저는 원래 CD가 되고 싶어서 된 것이 아닙니다. 공상가이고 말장난을 좋아해서 평생 카피라이터를 해도 좋겠다고 생각했습니다. 그런데 어느 날, 크리에이티브 국장님이 저를 불렀습니다.

"오카무라 씨를 CD로 승진시키려고 해. 덴츠 첫 여성 CD가 되는 거야."

어안이 벙벙해 대답할 수가 없었습니다.

"감사합니다…. 그런데 저를요?"

CD라면 모든 직원들이 좋은 아이디어를 낼 수 있게 동기부여하고, '클라이언트가 이렇게 해달라고 하니 이렇게 가자'고 주장하는 기획팀과 '클라이언트만 좋아하는 메시지로는 안 된다'고 버티는 제작팀 사이에서 조율해야 하며, 회사 밖에서는 클라이언트를 상대로 프레젠테이션을 하고 설득도 하고, 문제가 발생하면 촬영 스태프에게 지시를 내려야 합니다. 할 일이 산더미 같습니다. 평소 함께 일하는 CD들의 얼굴에 저를 대입해보니…"안 돼! 안 돼! 나에겐 도저히 무리야!"

다음 날 국장님에게 저는 못할 것 같다고 말하며 왜 내가 CD가 될 수 없는지 정리한 A4용지 두 장을 내밀었습니다. 하지만 결과는 참패. 국장님은 "이게 장난인 줄 알아?!"라며 무서운 얼굴로 제 눈앞에서 종이를 찢어버렸습니다. 그러고 는 곧 표정을 풀고 저를 설득하기 시작했습니다.

"너무 어렵게 생각하지 마. 이미 CD와 동급으로 일하고 있잖아. 지금 업계가 침체되어 있는데, 모든 사람이 놀랄 만 한 화젯거리를 던지고 싶어. 다른 CD가 하지 않았던 재미있 는 시도를 해도 되니까, 시작도 하기 전에 실패를 두려워하 지 않아도 돼."

'아, 그런 거야?' 결코 실패하면 안 된다고 부담을 느꼈던 저는 갑자기 마음이 편해졌습니다.

"알겠습니다. 그렇다면 부담 없이 받아들이겠습니다."

이렇게 해서 덴츠 첫 여성 CD가 되었습니다.

## CD가 사는 세상

그렇다면 과연 CD는 무엇이고 어떤 일을 할까요? 솔직히 제 작국으로 이동하기 전까지는 들어본 적도 없는 직책이었습 니다. 그런 참에 연습도 교육도 훈련도 없이 하루아침에 CD

가 된 것입니다.

CD는 여러 가지로 정의할 수 있지만, 쉽게 말해 광고 캠페인을 구축하는 사람입니다. 요즘은 광고뿐 아니라 박람회 부스를 디자인하거나 미술관 컨셉을 짜거나 어플을 제작하는 등 다방면으로 활동하고 있습니다. 보통 클라이언트로부터 먼저 오리엔테이션을 받고, 아래와 같은 순서로 일을 처리합니다.

① 과제를 찾습니다.

② 빅 아이디어, 즉 모든 표현의 기반이 되는 컨셉을 도출합니다.

③ 이것을 제작해 세상에 내놓습니다.

이 세 단계에서 팀원들을 움직여 하나의 시나리오를 만들어내는데요. 이 중에서도 과제를 발견하는 것이 CD의 가장 중요한 역할입니다. 정확한 방향으로 뾰족하게 과제를 설정할수록 아이디어를 내는 직원들이 편해집니다. 보물찾기에 비유해보자면, '어디든 좋으니 되는 대로 찾아봐!'보다는 '이 구역에 있으니 찾아줘!'라고 범위를 좁혀주는 것이 더 흥미를 자극하는 것처럼 말입니다.

이를 위해 전략팀의 이야기를 듣습니다. 저는 개인적으로 데이터 분석도 병행하는데요, 제가 CD가 된 지 얼마 안 됐을 때 '애송이 여자애' 취급하는 클라이언트에게 구체적인 수치를 제시하니 수월하게 설득했던 경험이 있어서 그 후부터 계속해오고 있습니다. 세일즈 현장에 방문해 추정을 확신으로 바꾸기도 하고요. 그런 다음 빅 아이디어를 도출합니다. 이는 길게 중언부언하지 않고 한 줄로 설명할 수 있어야 합니다.

사례를 하나 이야기해볼까요. 제가 CD가 된 직후, 일본 신문협회의 신문 PR을 담당하게 되었습니다. 인터넷 사용이 본격화되면서 신문 구독자가 줄어들던 시점이어서 어떻게 해서든 이목을 끌고 싶다는 것이 골자였습니다. 제가 생각한 시나리오는 이렇습니다.

---

**과제: 신문의 신뢰성 전달**

빅 아이디어: 모두가 놀랄 만한 법률이 제정되었다는 사실을 알리고, 그 신빙성을 신문에서 확인하도록 한다.

---

이 설정으로 완성된 표현은 다음과 같습니다.

---

"오늘부터 세금은 모두 체지방으로 납부할 것"
"오늘부로 부실채권은 모두 탕감한다."
"오늘부로 일본은 민영화된다."

---

'뭐라고?'라며 모두의 눈을 의심하게 만드는 카피로 관심을 끈 뒤, 마지막에 "제대로 알자. 신문을 통해 알자. 이 나라에, 그리고 전 세계에 지금 어떤 일이 일어나고 있는지"로 정리했습니다. 일본신문협회 로고는 일부러 작게 표시했습니다.

말도 안 되는 소리 같지만 모두 허구로만 쓴 카피는 아닙니다. 당시 일본은 재정정책이 잘 지켜지지 않아 정부가 비난받고 있었습니다. 몇몇 국영사업이 민영화를 추진하던 때였으며, 부실채권이 너무 많아 은행이 파산하는 사태도 드물지 않았습니다. 또 비만에 신경 쓰기 시작하면서 체중이 아닌 '체지방'이라는 단어가 주목받기 시작한 시기이기도 했습니다.

이런 카피를 생각하느라 당시 팀 회의는 실로 거짓말 대회가 따로 없었습니다. 수많은 거짓말 중에서도 '이게 좋다, 재미있다'고 선택한 '가짜 법률'이 앞에 소개한 카피들입니다. 사실 신문 자체에 대한 광고였기 때문에 신문 이외의 매체를 사용하고 싶었지만 그럴 만한 예산이 없다는 게 흠이었습니다. 다만 신문에는 무료로 게재할 수 있었기 때문에, 정부 소식지인 관보에서 사용하는 법률 문체를 써서 신문광고로만 캠페인을 전개했습니다.

과연 화제가 될지 불안했지만, 다행히 국회에서 야당 의원이 농담 반 진담 반으로 "신문에도 이렇게 비꼬는 글이 실리

고 있는데 정부는 이대로 손 놓고 있을 겁니까!"라며 발언해
준 덕에 TV나 신문에 보도되며 관심을 끌었습니다. 정치권
에서 어떻게 나올지 걱정되지는 않았냐고요? 다행히 저는
내각부 일도 담당했던 터라, 당시 총리가 이런 캠페인 정도
는 웃고 넘어갈 성격이라는 사실을 알고 있었습니다. 그래서
강행할 수 있었던 거죠.

SNS가 없던 시절이었지만 모두의 마음에 전염되고 입에
오르내릴 만한 설계도를 머릿속에 그렸던 캠페인이었습니다.
여기에는 좌충우돌하던 PR국 경험이 도움이 됐던 것 같습
니다. 세상에 필요 없는 것은 하나도 없다, 저의 신조이기도
합니다.

또 하나, 제가 이런 아이디어를 낼 수 있었던 것은 국장님
의 한마디 덕분이기도 합니다. "다른 CD가 하지 않는 재미
있는 시도를 해봐라." 이 말은 한동안 저의 지침이 되어주었
는데요. 프레젠테이션을 할 때에도 클라이언트의 요청에 부
응하는 아이디어 A, B에 더해 기발한 아이디어 X, Z를 제안
하고자 노력했습니다. 팀원들은 힘들었을지도 모르겠네요.
그때 저는 팀원들에게 "번트가 아닌 홈런을 노리자. 삼진을
당해도 좋다. 책임은 내가 진다"고 하곤 했습니다. 그때 팀원
중 하나가 훗날 CD가 되어 저에게 이런 메일을 보냈더군요.
"항상 저희에게 주저하지 말고 야구배트를 휘두르라고 하

셨지요? 그게 큰 각오가 필요한 말이라는 걸 CD가 된 지금에야 통감했습니다."

아마 저도 그때는 젊었으니까 저런 말을 했겠지요? 쉬운 말이 아니라는 걸 ECD(Executive Creative Director, 제작전문임원. 크리에이티브 부서를 총괄한다)가 되고 나서야 깨달았으니, 메일을 보내준 후배보다 제 성장이 느리다는 뜻일까요(웃음)? CD와 달리 ECD는 업무 스케일이 제각각인 팀을 모두 살펴서 번트, 히트, 홈런의 사인을 정확하게 내야 하니, 홈런만 노리라고 큰소리치기 어렵기도 하고요.

사실 이 '가짜 법률' 캠페인도 원활하기만 한 것은 아니었습니다. 전국 신문사에서 모이는 회사 대표나 임원, 광고 담당 부장 등 약 30명을 대상으로 프레젠테이션을 진행했는데, 컨펌받기까지 5~6번은 거듭 제안했던 것 같습니다. 어떤 법률로 할 것인지에 대해서도 말이 많았습니다. 조금 더 기발한 안도 있었지만 다들 황당해했기 때문에 가장 얌전했던 가짜 법률안이 마지막에 남았습니다.

처음에는 저급하다, 거짓말은 안 된다며 반대하는 사람도 많았습니다. 하지만 '젊은 사람 대상이라면 이 정도의 임팩트는 필요할 수 있다', '화제성 있어 좋다'고 지지하는 사람들이 늘어나 최종 낙점될 수 있었죠.

그럼에도 '그쪽 신문사는 진보 성향이라 괜찮을지 몰라도 우리 매체는 보수적이어서 이런 과격한(?) 내용을 받아들일 수 없다'고 끝까지 반대하던 사람이 있었습니다. 모 신문사의 임원이었습니다.

그런데 1년 후, 그 신문사가 자사 광고를 제작하면서 경쟁 프레젠테이션을 하게 되었습니다. 대외적 목적은 독자 상대 PR이지만, 진짜 목적은 신문 구독이 감소하는데도 위기의식을 갖지 않는 직원들에게 자극을 주는 것. 제가 이 경쟁 프레젠테이션에 참여할 수 있었던 것은 제 안을 끝까지 반대한 바로 그 임원 덕분이었습니다. 그는 신문협회 광고 브리핑에서 높은 사람들을 상대로 겁 없이 발언했던 '과격한' 여성 CD라면 어떻게든 해줄 것 같다며 저를 떠올렸다고 합니다. 다행히 경쟁도 승리로 끝난 덕에, 제 팀은 그로부터 지금까지 십수년간 해당 신문사와 그룹사 TV 방송의 광고 제작을 담당하고 있습니다. 나중에 들으니 그 임원은 자사 광고 경쟁 프레젠테이션 때에도 저희 안을 지지해줬다더군요.

지금은 적이라도 언젠가는 아군이 될 수 있습니다. 그렇기 때문에 아무리 반대에 부딪히고 거절당해도 겸허하고 성실하게 임해야 합니다. 과격한 아이디어와 겸허한 태도는 공존할 수 있다는 말입니다. 특히 CD에게는 말이죠.

## 맹수 조련사

여성이라는 이유로 특이한 사람 취급을 받은 경우는 CD 시절에도 많았습니다. 저는 무엇보다도 타석에 서는 일이 중요했기 때문에(운동 마니아라 수영, 축구, 야구 이야기를 계속하게 되네요) 전혀 신경 쓰지 않았지만, 규모가 큰 경쟁 프레젠테이션에 덴츠의 여러 팀이 함께 도전할 때면 '여성 CD팀'이라고 소개되곤 했습니다.

도요타의 해외 동영상 캠페인도 그중 하나입니다. 저는 자동차를 좋아해서 카피라이터 시절부터 자동차 광고를 자주 담당했는데, 세일즈 증대가 목적이므로 부품부터 전체 모습에 이르기까지 꼼꼼하게 강점을 부각하려 노력했습니다. 하지만 언젠가는 자동차가 전혀 등장하지 않는 자동차 광고를 만들어보고 싶었습니다. 기업 메시지를 전달하기 위한 기업 PR광고라면 가능한 일이었죠. 그래서 저는 기회를 잡아 프레젠테이션을 진행했고, 다행히 이겼습니다.

요즘은 인터넷을 많이 이용하기 때문에 모니터로 세상을 접하는 시간이 늘었죠. 하지만 가끔은 밖으로 나가 드라이브를 하며 사람을 만나고 다양한 드라마를 만들었으면 하는 바람을 광고에 담았습니다. 카피는 "Meet." 제 인생에서 가장 짧은 카피에 담은 마음은 바로 그런 것이었습니다.

다른 팀 사람들은 나중에 '자동차를 보여주지 않는 기획
은 여자니까 가능했던 것 같다'고 했습니다. 칭찬인지 험담
인지 모르겠습니다만, 해외 반응은 참신하다, 자동차가 아닌
삶의 방향을 제시했다 등 호평이 이어졌습니다. 심지어 '도
요타가 결혼 중매 서비스를 시작했다'는 유쾌한 코멘트도
나왔습니다. 말하자면 새로움을 보여주는 데 성공한 것이죠.
저는 그것만으로도 충분했습니다. 경쟁자보다는 보는 사람
이 어떻게 받아들이는지가 중요하니까요.

도요타 'Meet' 광고

제가 특이한 CD로 비쳐서인지, 저 또한 일하면서 독특한
개성을 가진 사람들을 골라 팀을 짰습니다. 러시아 문학 전
공자, 철학 전공자, 수학과 출신, 원자력학과 출신, 이력이라
고는 건축가 지망생이었던 것뿐인 사람, 심지어 뮤지션도 있
었습니다. 크리에이터 전문교육을 받은 사람들이어야 하지
않겠냐고요? 오히려 이런 사람들이 아이디어가 풍부하고,
의외의 일이나 재미있는 일을 잘 생각해냅니다. 애초에 저도
법학과 출신이니까요.

다른 CD들이 다루기 힘들다고 꺼리는 사람도, 독불장군

같은 사람도 다 좋았습니다. 오는 사람 막지 않고 모두 환영
한다는 주의입니다. 주위에서는 힘들지 않냐고 묻기도 했지
만, 저는 제가 모르는 걸 배우게 해주는 사람이 좋기 때문에
그렇게 느끼지는 않았습니다. 다른 사람들에게도 A, B뿐 아
니라 러시아 문자 ∅나 % 같은 사고방식도 있다는 것을 알
려주고 싶었습니다. 뒤에서 '맹수 조련사'로 불린다는 사실
은 나중에 알게 됐습니다만(웃음).

결론을 이야기하자면, 자신보다 우수한 사람을 뽑는 것이
중요합니다. 러시아 인형인 마트료시카는 인형 몸체를 열면
그 안에 한 사이즈 작은 인형들이 겹겹이 들어 있죠. 크리에
이터의 팀에 나와 닮은 사람, 움직이기 쉬운 사람만 뽑으면
마트료시카처럼 똑같은 사람만 줄줄이 남고, 결국에는 작은
나로 끝나버리고 맙니다. 나보다 그릇이 큰 사람, 전혀 다른
스케일을 가진 사람을 뽑는 것이 더 나은 미래로 가는 길이
라고 생각합니다.

물론 나에게 없는 능력을 가진 사람이라면 무조건 데려
오라는 뜻이 아닙니다. 자신이 가진 능력으로 '세상을 떠들
썩하게 만들고 싶다, 사람들을 행복하게 해주고 싶다'는 가
치관을 저와 공유할 수 있어야 합니다. 그것이 제 기준입니
다. 그리고 이 가치관을 완성시키기 위해 CD로서 최종적으
로 해야 할 일은, '이 표현이 세상에 나갔을 때 상처받는 사

람은 없을지, 장기적으로 봤을 때 클라이언트에게 불리한 결과를 가져오지 않을지' 같은 도덕적 측면을 확인하는 일입니다.

## 바다 건너 다양성에 도전하다

2014년, 저는 일본을 떠나 베트남에서 근무하기 시작했습니다. 왜 베트남이냐고요? 좋은 질문입니다. 저는 2004년부터 해외 광고상 심사위원으로 자주 나서곤 했는데요. 그때 알게 된 친구들은 입버릇처럼 이렇게 말했습니다.

"마사코 씨, 왜 계속 일본에서만 일해? 다른 나라에 가봐도 좋잖아."

아마 일본 광고업계가 특수한 환경이라고 생각했던 것 같습니다(웃음). 해외로 나가면 더 편할 거라는 말을 하고 싶었던 거겠지요. 저도 비슷한 시기에 태국이나 중국 관련 프로젝트를 도울 기회가 있었기 때문에, 그들과 일하면서 다른 나라 사람들과도 함께할 수 있겠다는 확신이 섰습니다. 처음 해외근무 신청을 한 것은 2008년, 그리고 2014년에 드디어 떠나게 되어 도쿄 본사의 첫 여성 해외 주재원이자 덴츠 베트남 지사 ECD가 되었습니다.

당시 덴츠 베트남 지사에는 도요타, 카오, 파나소닉 같은 세계적인 일본 기업 클라이언트에 기술적, 정서적으로 부응할 수 있는 크리에이티브가 필요했습니다. 베트남, 이탈리아, 필리핀까지 다양한 국적의 현지 직원들에게 저는 일본 문화를 설명하고, 그들은 제게 베트남 사람들의 취향이나 시장 특성을 알려주며 서로 의견을 경청해 캠페인을 만들어 나갔습니다. 어느 정도 익숙해지고 나자 베트남 최대 브랜드인 333맥주나 휴대전화, 식품, 항공사 등 베트남 기업으로 업무 영역을 확장하는 재미가 있었습니다. 베트남 사람들은 손끝이 섬세하고 마감을 꼭 지켰기 때문에 일하기도 좋았고요.

베트남에서 일한 지 3년 정도 지났을 무렵, 몇몇 국가에서 ECD로 와달라는 오퍼가 들어왔습니다. 마침 다른 나라에도 도전해보고 싶다는 생각이 들던 차였습니다. 제가 선택한 곳은 필리핀. 업무적으로나 관광으로나 한 번도 가본 적 없는 유일한 아시아 국가였기 때문입니다. 제 나이쯤 되면 첫 경험을 할 기회가 그리 많지 않으니까요(웃음).

물론 다른 이유도 있었습니다. 5~6년 전부터 필리핀 광고 수준이 급격히 높아졌다는 걸 실감하던 참이었습니다. 예전에는 칸 국제광고제, 원쇼One Show 국제광고제, 뉴욕 페스티벌 심사를 하러 가면 아시아 지역에서 참가한 심사위원은 저와 태국인 정도였습니다. 하지만 2014년경부터 필리핀

심사위원이 늘어나기 시작했는데, 이 말은 곧 필리핀 입상작이 늘었다는 뜻입니다. 자연히 필리핀의 크리에이티브가 궁금해졌습니다. 한국의 수준도 물론 높았지만 오퍼가 오지 않아 아쉽게도 가지 못했습니다(웃음).

필리핀은 아시아 국가지만 아시아 같지 않은 특색도 있습니다. 모두 영어를 완벽하게 구사하고 업무방식도 미국식에 가깝습니다. 다만 태풍이나 홍수 같은 자연재해가 빈번한 탓에 회사나 학교가 갑자기 문을 닫는 일이 많습니다. 교통체증도 심해 지각에 관대한 편이고, 그래서인지 날짜를 지키지 못하는 경우도 생깁니다. 매사에 긍정적이고 먹는 것을 좋아한다는 점도 빼놓을 수 없겠네요. 클라이언트와의 회의에는 항상 다과가 준비되어 있고, 사내 회의에서도 모두가 뭔가를 먹고 있답니다. 처음에는 놀랐지만 이내 익숙해졌습니다. 제 사무실 한쪽에도 냉장고가 있어 야근에 대비한 초콜릿, 치즈, 맥주가 채워져 있고요. 필리핀에서는 살이 찌지 않도록 주의해야 합니다.

**Okamura**

그 '과격한' 여성 CD라면
어떻게든 해줄 것 같다 싶었다더군요.

**Park**

팀원들의 아이디어에 불을 붙여주는 것이 곧
디렉터의 아이디어이자 리더십입니다.

# 대담:
## 두 크리에이터, 마주앉다

한국과 일본의 두 여성 크리에이터가 만난 이 책은 험난한 광고업계에서 여성, 그리고 크리에이터로서 어떻게 커리어를 쌓아왔는지 이야기하고 있습니다. 특히 일하는 여성들의 롤 모델이 부족한 현실에서 조금이라도 도움이 되고자 '커리어'를 중심으로 풀어가고자 했습니다.

다른 콘텐츠와 마찬가지로, 광고 또한 시대를 반영하는 거울입니다. 가치관과 사람들의 생활상뿐 아니라, 무엇이 필요하고 무엇에 어려움을 겪는지를 알 수 있죠. 이 대담에서는 커리어와 함께 '여성'에 대해 이야기를 나누었습니다. 광고계에서 일하는 두 사람이 현장에서 여성에 대한 인식 개선을 위해 기울였던 노력을 직접 들어보고 싶어서입니다.

**Q __ 여성차별 개선과 인권을 위해 노력한 광고 캠페인을 만든 경험이 있나요?**

Park __ 인권이나 차별 같은 거창한 주제는 아니었지만, 다양성 측면에서 여성을 위한 캠페인이 필요하다고 판단해 관련 캠페인을 디렉팅한 경험이 있습니다.

첫 번째는 일반적인 광고라기보다는 '문제를 어떻게 해결할 것인가'에 초점을 맞춘 재능기부 캠페인이었습니다. 부산시 경전철과 함께 실시한 '임산부를 위한 핑크라이트' 캠페인이었어요. 건강관리가 중요한 임신 초기에 정작 티가 나지 않아 자리를 양보받지 못하는 임산부들도 있고, 임신했는지 몰라서 자리를 양보하지 못하는 일반인도 있잖아요. 양쪽 입장을 다 생각하고, 평소에는 일반인도 앉을 수 있지만 임산부가 다가오면 알아차리고 자리를 양보할 수 있도록 IoT 기술을 활용해 '핑크라이트'라는 임산부 배려 신호등을 만들었습니다. 현재는 부산 전체 지하철에 확대 실시하고 있다고 들었습니다.

임산부들이 한결같이 하는 말이 있어요. 대중교통을 이용할 때 자리 양보를 받은 적이 없다는 거예요. 우리 사회는 알고 보면 배려심이 많은데도 말이죠. 그런데 최근 전철이나 버스를 타면 죄다 스마트폰을 보고 있잖아요. 디지털과 친해지는 바람에 현실에서 마주치는 사람들에게는 관심을 갖지 못하는 거죠. 그래서 디지털 기술이 모두에게 친절한 자극을 준다면 얼마나 행복한 사회가 될 것인가를 생각하며 진행한 캠페인입니다.

두 번째는 롯데그룹의 '남성 육아휴직 캠페인'입니다. 그룹 정책을 캠페인으로 만든 건데요. 육아는 여성만의 몫이 아니잖아요. 남성도 의무적으로 육아휴직을 내서 공동육아에 대한 개인적 책임은 물론 사회적 인식을 바꾸는 데까지 나아가면 좋겠다는 취지를 담았습니다.

좋은 브랜드는 마케팅으로 포장하지 않고 본연의 모습 그대로를 보여주는 것만으로도 공감을 불러일으킨다고 생각합니다. 이 캠페인은 사회적 책임을 바라보는 기업의 정책 자체가 좋았습니다.

취지만큼이나 두 캠페인 모두 반응이 긍정적이었습니다. 목적 자체에 공감했기에 반응이 좋았던 것 같아요. 핑크라이트 캠페인은 국내뿐 아니라 해외에서도 관심이 많았어요. 해외 언론에서 기사도 많이 났고, 특히 영국 언론에서 저희를 찾아와 인터뷰를 하기도 했고요. 아마도 임산부가 일반인과 똑같이 전철 통근을 하거나 자리를 양보받지 못하고 있다는 문화적 차이 그 자체로 관심을 끌었던 것 아닌가 싶고, IT기술에서 앞서가는 한국의 이미지도 한몫했다고 생각합니다.

핑크라이트 기술을 구현해주신 곳은 작은 스타트업이었어요. 뜻이 맞아 재능기부 형식으로 협업했다는 점에서 참신한 시도로 칭찬받기도 했습니다.

남성 육아휴직 캠페인은 실제 육아휴직에 참여한 직원들과 자녀들이 모델로 등장해서 더 진정성이 느껴진다는 반응이 많았고요. 캠페인 이후 그룹 선호도가 11.4% 증가했고, 외부에서 여성친화·양성평등 기업의 대표적 사례로 언급되기도 했습니다.

Okamura __ 관심은 갖고 있습니다만 업무 주제였던 적은 많지 않네요. 제가 현장에서 일할 때는 일본 광고계에 여성이 극소수였기 때문에 행동에 옮기는 것은 시기상조였던 건지도 모르겠습니다.

아, 베트남에서 근무할 때 베트남 여성 박물관Vietnamese Women's Museum 광고를 제작한 적이 있습니다. 굉장히 의욕적으로 일했던 기억이 나네요.

Okamura __ 베트남 여성 박물관 광고는 평소 업무방식과는 조금 다르게 진행됐어요. 이 박물관은 하노이에 있는데 레이아웃이나 공간 디자인이 굉장히 감각적이고, 모계사회로 시작한 베트남 사회의 독자성, 베트남 전쟁에서 여성의 역할을 확인할 수 있는 곳입니다. 저도 휴일에 개인적으로 방문한 적이 있는데요, 전시가 이렇게나 훌륭한데 관객이 적다는 게 아쉬워서 '이건 인류의 손해다'라는 생각까지 들었습니다. 그래서 관장님께 '이 박물관을 좀 더 유명하게 만들고 싶다. 돕게 해달라'는 편지를 썼죠. 긍정적인 답변을 얻었고, 기획안을 프레젠테이션해 최종적으로 결과물을 내놓을 수 있었죠.

특히 역사 속에서 강하게 살아온 베트남 여성들의 이미지와 오늘날 SNS 트렌드를 반영한 포스터 제작에 힘을 기울였습니다. 포스터 문구는 영문으로 제작했는데요, 베트남에서는 기본적으로 영어 광고는 금지돼 있지만 관장님을 비롯해 모든 직원이 여성이었기 때문에 정부를 설득할 수 있었습니다. 물론 저희 팀도 전원 여성입니다. 어떤 의미에서 매우 통쾌했습니다.

**Q** ___ 광고계에서도 여성의 경력단절이 이슈인가요? 나라마다 차이가 있는지도 궁금합니다.

**Park** ___ 한국에서는 업계를 불문하고 여성의 경력단절이 사회적 문제로 떠오르는 것 같아요. 제 주위에서도 쌍둥이를 출산해 회사 복귀가 늦어지는 경우도 봤고, 최근에는 육아도 육아지만 임신이 되지 않아 회사를 그만두는 후배들도 있었습니다. 특히 광고회사는 야근도 많고 일이 터프해서 일과 육아를 병행하기가 쉽지 않은 것 같습니다. 개인의 인식 문제도 있는데요, 후배 한 명은 야근하고 녹초가 되어 집에 가면 시어머니가 아이를 그대로 안겨주신대요. 아들과 똑같이 맞벌이를 하는데 육아는 며느리가 해야 한다는 가정 내 편견도 아직 존재하는 것 같습니다.

제 주위에서만 일어나는 일인지도 모르겠지만, 요즘은 육아 문제에 부딪힌 여성 후배들이 다른 업종으로 이직하는 경우도 있습니다. 시간활용이 비교적 자유로운 프리랜서로 독립하는 경우도 꽤 있고요, 일러스트레이터나 동화작가가 되기도 합니다. 능력이 있으니 가능한 일이겠지요. 그러다 다시 광고회사에 들어오기도 하는데, 막상 돌아와서 조직에 적응하기 힘들어하는 경우도 봤어요. 무엇보다 시대가 바뀌어서 워라밸을 중시하기 때문에, 경쟁이 치열한 광고회

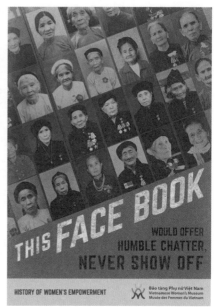

베트남 여성 박물관 포스터

부산시 경전철 핑크라이트 캠페인

롯데그룹 남성 육아휴직 캠페인

사가 아닌 클라이언트 쪽으로 전향하는 사례도 많아졌습니다.

물론 육아와 일의 균형을 잘 맞추는 후배들도 많습니다. 이들을 관찰해보니 공통점이 하나 있더군요. 육아를 가정에서 '시스템화'한다는 겁니다. 나와 남편, 그리고 주변 지인을 하나의 팀으로 만들어두고 비상시(예컨대 야근을 하는 경우)를 대비한 A안, B안을 만들어두는 거죠. 물론 이 경우에도 신경 써야 할 것들이 적지 않을 겁니다. 하지만 내가 모든 것을 다 해내야 한다는 중압감을 살짝 내려두는 모습에서 참 현명하다는 생각이 들었습니다. 육아는 모두의 일이라는 인식 변화에 어울리는 대처이기도 하고요.

지금 우리 사회도 긍정적으로 변하고 있다고 생각해요. 해결할 수 있는 가능성도 함께 얼굴을 내밀고 있죠. 이제껏 육아는 개인의 영역이었지만, 최근에는 국가 정책도, 회사도 '육아는 함께하는 것'으로 인식이 바뀌고 있으니까요. 물론 이 변화가 좀 더 빨라지기 위해서는 사회에 여성 리더가 더 늘어나야 한다고 강조하고 싶습니다. 가장 중요한 것은, 우리 사회가 육아를 바라볼 때 단순히 '인구절벽을 막아야 하니 육아를 돕는다'는 관점에서 탈피하는 것이고요. 사회와 국가가 다같이 성장하기 위한 미래 다양성의 측면에서 고민해야 하는 거죠.

**Okamura** ___ 현재 일본 덴츠에서는 워라밸을 최우선으로 하고 있습니다. 밤 10시 이후에 일해서는 안 된다는 법도 있으니 차츰 개선되지 않을까요? 제가 일본에서 근무했을 때 워킹맘은 오후 4시 30분 이후 퇴근이 가능하도록 업무지시를 할 때 배려하기도 했습니다. 물론 개인 차원에서도 모두가 최선을 다하고요.

크리에이티브와 상관없이, 육아휴직을 쓰는 남성이 늘어나는 것은 좋은 흐름이라고 생각합니다. 스웨덴 등 북유럽 국가들은 남성도 육아휴직을 많이 쓰는데, 좋은 모범사례라고 생각합니다. 일본에서도 근본적인 정책이 마련되기를 바랍니다.

필리핀은 그런 점에서 앞서 있습니다. 세계경제포럼World Economic Forum이 매년 발표하는 '세계 양성평등지수Global Gender Gap Index'가 있는데, 여기에서 2020년 16위를 차지했을 정도입니다. 심지어 그 전해에는 8위였는데, 순위가 떨어진 이유에 대해 언론에서 적극적으로 토론이 벌어지기도 했습니다(한국은 108위, 일본은 121위). 여성 국회의원도 많고 여성 대통령도 두 명이나 있었죠. 관리직 비율도 여성이 50%입니다. 경력단절을 이야기하면 그게 뭐냐고 되물을지도 모르겠습니다.

이를 가능하게 하는 배경 중 하나가 바로 가사나 육아를

'아내의 일'로 치부하지 않는 것입니다. 가사도우미를 고용하기도 하고, 남편도 당연히 함께합니다. 저도 30대에 필리핀에 왔다면 아이를 낳았을 거예요. 인생에 그다지 후회는 없지만, 이것만은 조금 아쉽습니다.

일본의 경우, 사회가 롤모델을 제시하는 데 실패했다는 생각이 듭니다. 저도 스스로 반성하는 점입니다. 일하는 일본 여성이 힘든 이유는 가사와 육아를 완벽하게 해야 한다는 사회적 압박이 너무 강하기 때문이라고 생각합니다. 나는 완벽하게 해낼 수 없다는 걱정에 아이 갖기를 포기하거나 커리어 쌓기를 포기하는 사람이 많죠.

Q ___ **필리핀의 양성평등 수준이 놀랍네요. 필리핀은 여성뿐 아니라 여타 인권 이슈, 예를 들면 성수소자 인권에서도 앞서가는 편이지요? 광고업계에서 인권 차별을 줄이기 위해 했던 노력이나 시도가 있는지도 궁금합니다.**

Okamura ___ 베트남에서 일할 때는 직원 중 15%가 게이였어요. 저도 크게 의식하지 않고 채용했고요. 남녀 양쪽의 입장에서 생각할 수 있기 때문인지 카피라이터로서도 다채로운 능력을 발휘했습니다. 다만 소수자로서 예민하게 받아들이는 부분이 있을 수 있기 때문에 조심해야 할 필요성은 있었죠. 저도 그 과정에서 배우게 되고요. 물론 레즈비언 아트디렉터도 있었습니다. 대담하고 신선한 디자인도 많이 내놓고, 손재주가 좋은 훌륭한 사람이었어요.

필리핀에서는 트랜스젠더와도 함께 일하고 있습니다. 저희 직원 중 한 명은 남자에서 여자로 전환한 트랜스젠더 카피라이터인데요, 어떤 대행사에서는 채용을 거부당한 적도 있었다고 하더군요. 처음에는 오후에 화장실에서 마주치면 턱 주변이 거뭇거뭇해서 약간 놀라기도 했지만, 늘 당당하면서도 솔직한 사람이라 모두와도 잘 지냅니다. 한 번은 '여권 신장'을 주제로 한 토론에서 어느 여성을 만나 즐겁게 이야기를 나눴는데 알고 보니 트랜스젠더였던 적도 있고요.

우리에게는 '나와 다른 사람'을 수용하려는 노력도 꼭 필요하다고 생각합니다. 어떤 차이라도 받아들일 수 있는 유연성을 갖춰야 하는 거죠. 크리에이터라면 더욱 그렇고요. 성소수자도 마찬가지로, 부정적이거나 획일적인 고정관념에서 벗어난다면 모두 함께 프로답게 일할 수 있을 거라 생각합니다. 차이를 수용하려는 노력도 당연히 필요합니다.

나아가 저는 특정 이슈를 넘어 어떤 차이도 수용하고자 노력합니다. 인터넷 시대가 도래한 후 즉자적이고 쉬운 표현이 콘텐츠 세계를 장악하는 경향이 있는데, 그럴수록 더욱 다양한 인사이트에 귀를 기울이고 전 세계 사람들을 이해시키기 위한 '광고적 번역 작업'을 해나가려 합니다. 이것은 여러 국가에서의 경험이 없다면 불가능했다고 생각합니다. 일본에만 있었다면 할 수 없었겠죠.

**Q ___ 여성 크리에이터, 여성 광고인만의 강점은 뭐라고 생각합니까?**

Park ___ 태생적으로 섬세한 촉과 눈을 갖고 있다고 생각합니다. 디테일한 감성표현에 강하다고 할까요. 그래서 자연스레 공감하게 되거나 감성을 건드려주는 울림 있는 캠페인에 강점이 있는 것 같습니다. 대다수의 여성들이 공감능력이 뛰어나잖아요.

또 어떤 면에서는 정신적으로 더 강한 면이 있습니다. 물론 사람마다 다르겠지만, 이것저것 동시에 할 수 있는 능력이 남자보다 우수한 것 같아요.

우리 사회는 지금까지 오랜 세월 남성 중심으로 흘러왔습니다. 여성이 목소리를 낼 수 있는 시대가 이제야 온 것 같아요. 시대를 불문하고 광고는 문화를 이끌어온 콘텐츠임에 분명하므로, 이제 광고계에서도 여성의 눈으로 세상의 변화를 유도할 때라고 생각합니다.

**Okamura** ___ 저는 봉준호 감독 팬입니다. 특히 이번 아카데미 시상식 수상소감에서 한 "가장 개인적인 것이 가장 창의적인 것The most personal is the most creative"이라는 말에 크게 공감했습니다. 제가 남성의 특성을 헤아리기는 어렵지만, 일반적으로 여성은 자신에 관한 소소한 일이나 비밀을 흘려보내지 않고 많이 간직하고 있다고 생각합니다. 거울을 자주 보기 때문일까요? 여하튼 마음속에 품은 억울했던 일, 괴로웠던 일, 가슴 아팠던 일, 이런 모든 것들이 아이디어의 힌트가 된다고 생각합니다. 저도 학창 시절 수영부 에피소드라는 개인적 경험을 통해 일본의 공익광고 스타일을 조금이나마 바꿨다고 할 수 있고요. 한 번은 탈모관리실 광고를 만들었는데, 여성 카피라이터가 직접 겪은 체험이나 친구의 실패담을 토대로 주옥같은 카피가 만들어졌습니다. 지하철 내부 광고만 했는데도 많은 여성들이 "아~ 너무 공감돼!"라며 SNS에 공유해준 덕에 업계 10위 이하였던 클라이언트가 금세 2위로 올라갔어요. 남성들도 그들대로 재미있다는 반응이었고요.

남성 사회에서는 상하관계가 중요한 것 같습니다. 사원, 과장, 부장, 국장처럼 회사 라인 차원에서 커뮤니케이션하고, 친구관계에서도 대장이 정해져 있는 경우가 많죠. 일본에서는 학교 동기쯤 되어야 반말로 자유롭게 대화하곤 합니다. 하지만 여성들의 관계는 다릅니다. 회사 직급에 관계없이 좋아하는 연예인, 음식, 취미 등 자유롭게 이야기를 나누는 아메바 사회를 살죠. 말투도 편하게 사용하는 편이고요. 이런 유연함이 여성의 장점 아닐까요? 저도 팀원을 이끄는 리더지만, 위계적으로 굴기보다는 안 될 때는 안 된다고 말하고 칭찬할 때는 충분히 칭찬합니다. 그런 부분은 남성보다 제가 꼼꼼하다고 생각합니다. 저는 아이가 없습니다만, 어떨 때는 리더십이라기보다는 자식을 키운다는 마음이 드는 것 같아요.

Q __ 앞으로 꼭 만들어보고 싶은 광고가 있나요? 제품도 좋고, 공익광고도 좋습니다.

Park __ 광고의 순기능은 기본적으로 좋은 브랜드나 물건을 소개하고 팔리게 하는 경제적 선순환 역할이라고 생각해요. 그래서 항상 앞서서 시대정신을 담고 트렌드를 이끄는 것이 광고 콘텐츠일 수밖에 없고요. 그래서 저는 앞서 말한 것처럼, 어떤 브랜드에서든 여성 인권 이슈를 과감하게 건드렸으면 합니다. 소설이나 영화 등 다른 문화 콘텐츠에서는 그런 소재가 공감을 얻고 사회 변화에 한몫을 하는데, 사실 더

손쉽게 접근 가능하고 더 파급력이 큰 수단은 누구나 볼 수 있는 광고 콘텐츠라고 생각하거든요. 이것은 광고인들의 주장만으로 되는 것은 아니고, 클라이언트들이 브랜드에 이런 정신을 담고 출발해야 합니다. 하지만 국내 기업들은 아직까지는 이런 이야기를 불편해하죠. 문제 자체를 거부한다기보다는 아직은 시기상조라며 몸을 사리는 겁니다.

저는 한국의 여성 CEO 중 누군가의 의지로 한 번은 이런 변화가 생길 거라 기대합니다. 예컨대 2019년 칸 광고제 PR 부문에서 그랑프리를 거머쥔 '탐폰북' 캠페인처럼요. 독일 여성 스타트업이 만든 친환경 생리용품이었는데, 여성들이 불공정하다고 느낀 법을 사회 전반에 널리 알리고 나아가 법을 바꿔버렸잖아요. 이 같은 여성의 공감 연대가 사회를 변화시키는 데 성공한 것처럼, 여성의 감성이 모이면 그야말로 '공감력力'이 될 수 있다고 생각합니다. 사회를 움직이는 힘이 되는 거죠. 물론 조금 더 우리나라에 맞는 직설적 화법이 필요할 수도 있겠죠. 클라이언트 측에 여성 CEO가 더 많아질 때까지 일을 해야겠다는 의지가 생기네요(웃음).

'탐폰북'을 만든 '더 피메일 컴퍼니'

**Okamura** ___ 지금까지 다양한 클라이언트를 담당했습니다만 편의점을 한번 맡아보고 싶습니다. 물건을 구입하는 편리한 장소이면서 다양한 이야기를 가진 사람들이 방문하는 곳이니까요.

스타트업 광고도 욕심이 납니다. 아예 서비스를 생각하는 단계부터 함께 작업해보고도 싶습니다. 공간 디자인도 좋아하기 때문에 기회가 된다면 도전해보고 싶고요. 아, 이건 광고라고 하기는 조금 힘들까요(웃음)?

# 5부

# 전환기

## 리더의 존재감 심기

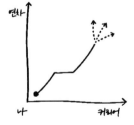

# 나의 틀에서 벗어나라

∨

일하면서 많은 선배들을 만났고, 또 그만큼 많은 후배들도 만났습니다. 마케팅이나 광고, 홍보, 콘텐츠 산업에 종사하는 후배들은 '자신의 영역에서 벗어나는 것'을 가장 두려워하는 경우가 많더군요. 물론 스페셜리스트로서 자기가 잘하는 것을 계속하고 싶은 마음은 당연합니다. 하지만 회사라는 조직에 몸담은 이상, 일정 연차가 되면 제너럴리스트가 될 기회를 피할 수 없습니다. 피해서도 안 되고요. 조직을 바라보는 통찰력을 키우기 위해서는 내가 가진 전문성의 범주에서 나와 시야와 경험을 넓혀야 합니다. 큰 전환의 시기를 맞는 겁니다.

지금까지는 저의 과거를 이야기했다면, 이제 저의 현재를 말씀드리고자 합니다. 크리에이터로서, 여자로서, 저는 조직 안에서 큰 전환기에 들어섰습니다.

## 얼마나 더 즐겁게 일할 수 있을까

———

"산다는 것은 기적의 연속이다. 인생은 꿈투성이."

일본 간포かんぼ 생명보험의 광고 카피입니다. 30년 가까이 광고 일을 할 수 있었던 것을 저는 (과장을 조금 섞어) 기적이라고 생각합니다. 이 카피처럼 항상 오늘과는 다른 내일을 꿈꾸며 살았기 때문 아닐까요. 변화하는 트렌드를 접하고 내일을 기대하며 살지 않았더라면 아마도 진즉 때려치웠을 겁니다. 눈 떠보면 달라지는 마케팅 상황에 맞춰 창의적인 결과물을 내놓는다는 것은 그만큼 스스로에게 끊임없는 자극을 주는 일입니다.

하지만 앞으로 얼마나 더 즐겁게 일할 수 있을까요?

임원이 되던 날, 저는 스스로에게 이 물음을 던졌습니다. 임원이 된다는 것이 크리에이터에게 과연 행복한 일인지는 모르겠습니다. 이제껏 경험했던 현실과 완전히 다른 세상에서 살게 되는 것이니까요. 저에게 이 순간이 찾아온 것은 2012년이었습니다. 완전히 새로운 길을 걸어야 하는 전환기에 들어선 것입니다.

저는 크리에이터로 일하면서 한 번도 임원이 되고 싶다는 생각을 한 적이 없었습니다. '크리에이티브라는 일을 어떻게 잘할 수 있을까'만이 제 고민의 전부였습니다. 그런데 제가 몸담고 있는 회사는 대기업에 속한 하우스에이전시여서 여성인재 육성이라는 취지도 중요하게 생각하기 때문에, 저는 그렇게 임원이 되었습니다. 제가 잘나서라기보다는, 그만 한 연차의 여성이 그룹 내에 그만큼 드물었기 때문이 아닐까 합니다. 하여튼 그 덕에 'L그룹 최초의 여성 임원'이라는 타이틀이 지금까지도 제게 붙어 있고, 주변인에게도 꽤나 흥미로운 이야깃거리가 되었습니다. 조직 분위기상 그럴 만도 했습니다. 자유분방한 사고를 펼치며 일해온 자기주장 강한 크리에이터에게 별을 달아줬으니까요. 그것도 여자에게 말입니다.

보통 임원이 되면 조직을 안정적으로 관리하는 데 중점을 두어야 합니다. 이런 기준으로 볼 때 저는 임원으로서의 자질이 모자랐을지도 모릅니다. 크리에이티브를 기반으로 하는 회사인 만큼 안정보다는 창의성이라는 해법으로 도전한다는 신념이 강했으니까요.

크리에이터가 크리에이티브라는 울타리를 벗어나 다른 무대로 옮겨간다는 것은 말처럼 단순하지 않습니다. 내가 이 조직에 계속 있어야 하는가, 아니면 내가 좋아하는 크리에이터 일을 하기 위해 떠나야 하는가에 대한 큰 선택을 해야 하는 순간입니다. 제게 만약 선택권이 있었다면 저는 크리에이티브를 계속했을 겁니다. 그만큼 저는 원래 크리에이터형 인간이라고 생각합니다.

크리에이티브 총괄 본부장ECD이라는 타이틀을 달고 난 저는 안정을 추구하기보다는 오히려 한층 새로운 일을 벌였습니다. 디지털 영역으로 빠르게 이동하는 마케팅과 그에 따라 변화하는 크리에이티브에 관심이 컸기에 당시의 대표이사님을 설득해 외부 웹에이전시, 게임 회사, 모바일 앱 회사, 콘텐츠 회사에 인턴 기회를 만들었습니다. (임원이 되고 다른 회사에 인턴으로 나가다니 이 또한 엉뚱하죠?) 그 과정을 경험하면서 디지털 기술과 광고 마케팅이 하나가 된다면 크리에이티브는 한 단계 더 나아갈 것이라는 자신감을 얻어 OCSOpen Creative Solution라는 새로운 크리에이티브 팀을 꾸렸습니다. 팀은 프로모션을 중심으로 하는 아트디렉터, 디지털 플래너, (15초가 아닌) 긴 호흡의 글을 쓸 수 있는 콘텐츠 작가, 국내 최초의 유튜버로 구성했으며, 이 팀을 통해 이전과는 전혀 다른 캠페인 사례를 만들었습니다.

아울러 외부 디지털 회사 및 스타트업과 협업할 수 있는 마케팅 플랫폼을 만들어 클라이언트를 위한 새로운 수익모델을 창출하고 싶었습니다. 크고 작은 디지털 회사와 콘텐츠 회사를 하나하나 만나 설득해 공감을 얻었고, 함께 아이디어를 실현하는 과정에서 다양한 기술과 다양한 분야의 전문가들이 만난다면 업의 경계가 사라진다는 사실을 다시 확인했습니다. 기대한 수익모델을 만들지는 못했지만, 회사는 크리에이티브의 혁신이라는 새로운 개성을 갖게 되었습니다.

디지털 스타트업 협업을 통한 새로운 마케팅 플랫폼
Innovative Creative Show

OCS 팀이 제작한 평온차 콘텐츠

크리에이터 임원으로서 새로운 도전을 이어갔지만, 정체성에 대한 고민이 다 해결된 것은 아니었습니다. 회사에서 계속 도전해보고 싶은 마음과, 정해진 제도를 따르는 관리자로 살아야 한다는 염증이 갈등을 일으켰습니다. 무엇보다 나의 성장 시계가 멈춘 것 같아 고민이 깊어졌습니다.

임원은 '임시 직원'의 약자라는 말 들어보셨죠? 그래서일까요, 임원에게는 누가 무엇을 어떻게 하라고 가르쳐주지 않습니다. 더구나 저는 첫 여성 임원이자 크리에이터 출신 임원이었습니다. 회사나 그룹 전체를 둘러봐도 롤모델이 없었고, 동종업계 여성 선배들은 크리에이터로 조직생활을 마무리했거나 임원 생활이 싫어 일찌감치 자기 회사를 차린 분들이 대부분이었습니다. 조언을 구하고 싶어도, 임원의 길을 밟지 않은 분들이기에 교과서 같은 격려를 해주실 뿐이었습니다.

내부의 남자 선배들에게는 조언을 구했다가 되레 충고를 듣기도 했습니다. '모난 돌이 정 맞는다'며 '남들보다 튀면 안 된다. 무조건 윗분 말씀에만 순종하라'는 충고였습니다. 이런 충고를 들은 것을 보면 어찌 됐건 제가 튀어 보이기는 했나 봅니다. (제가 낯선 시도를 할 때마다 왜 그렇게 많은 반대에 부딪혔는지 알겠더군요.)

앞서 크리에이터가 디렉터로 변신하기 위해서는 자신의 존재감을 하나씩 걷어내야 한다고 했는데, 임원이 됐을 때도 이 과정을 거쳐야 했습니다. 다시 한 번 내 안에서 걷어내야 할 것이 무엇인지 고민했습니다.

결론은 쓰라렸습니다. 내 안에서 숨 쉬는 크리에이터라는 스페셜리스트에서 완전히 탈출해 제너럴리스트가 되어야 한다는 것. 다른 영역까지 탐색하며 통찰력을 키워야 한다는 것이었습니다. 그렇지 않으면 조직 안에서 나는 더 이상 성장할 수 없으리라는 확신이 들었습니다.

한마디로 '내 과거를 버려라'는 뜻입니다. 크리에이터라는 과거를 버리고 완전히 새롭게 시작하는 리셋 버튼이 제 안에서 켜져야 했습니다. '안녕, 어제의 나' 하고 말이죠.

## 나는 크리에이터가 아니다

참 아이러니합니다. 가장 자랑스러웠던 저의 출신, 즉 '크리에이터'라는 정체성은 임원이 되자 큰 콤플렉스가 되었습니다. 제가 무엇을 해도 크리에이터로만 보이는 것이 문제였습니다. 크리에이터의 옷을 벗으려면 나에게 부족한 점을 채우는 것이 최선이었습니다. 다양한 세미나에 참석해 마케팅과 경영 공부를 했고, 대학원에 진학해 조직관리를 주제로 논문을 썼습니다. 업무에서도 일부러 전략에 더 집중하고 마케팅 시각을 넓히기 위해 노력했습니다. 말이니까 쉽게 하지만, 사실 저는 부족함을 채우기 위해 제 시간을 두 배로 바쁘게 살았습니다. 자연스럽게 회사 외부에 폭넓은 네트워크가 생겼고, 부산 국제광고제나 뉴욕 페스티벌, 스티비 어워드 등 국내외 심사위원으로도 활동할 기회가 생겼으며, 문화체육부를 비롯한 공공기관 마케팅이나 홍보자문 경험도 쌓았습니다. 외부 강연도 늘었고요. 대외활동이 활발해진 것입니다.

외부 사람들과 만나면서, 다양한 영역의 전문가들이 같은 문제를 풀어보면 어떤 즐거운 해법이 나올까 생각하는 것이 광고인생 후반기의 가장 큰 학습이 되었습니다. 크리에이티브는 결국 다양한 사람과의 화학작용에서 온다는 사실을 직접 체험했다고 할까요.

하지만 외부에서 저의 쓸모를 알아보는 것과 달리 회사에서는 여전히 크리에이티브에 국한된 업무를 해야만 했습니다. 중요한 의사결정 회의에 배제되었고, 연차가 높은 임원인데도 후배 남자 영업본부장보다 아래 취급당했습니다. 경영업무에서 제외된 채 지원 성격 업무만 할 때면 늘 의문이 끊이지 않았습니다. 내가 크리에이터 출신이라서일까? 아니면 여자라서일까? 본부장 직함을 달 때는 물론이고, 새로운 일을 맡을 때면 주변의 따가운 시선으로 남들보다 몇 배는 더 까다롭게 검증받는 느낌이 들었습니다. 가능하겠어? 과연 가능하겠어?

회사는 이윤을 창출해야 합니다. 누구나 아는 사실이죠. 이 관점에서 봤을 때, 크리에이티브는 광고회사의 이윤창출 수단입니다. "팔지 못하는 것은 크리에이티브가 아니다It's not

Creative unless it sells"라던 광고계 거장 오길비의 말처럼, 좋은 광고 크리에이티브는 마케팅의 최전선에서 클라이언트의 브랜드를 돋보이게 하고 잘 팔리게 해야 합니다.

하지만 디지털 시대가 되면서 마케팅이 파편화되고, 불경기로 광고비까지 축소되다 보니 클라이언트를 많이 영입하는 것이 더 중요해졌고 회사의 중심도 어느 순간부터 영업부서로 옮겨갔습니다. CD 시절에는 제 캠페인을 보고 찾아온 클라이언트도 제법 있었고 임원이 된 후에도 클라이언트 영입에 기여할 수 있었지만, 어디까지나 저는 크리에이티브 부서에 속해 있었기에 모든 실적과 공은 영업부서로 돌아갔습니다.

그러던 중, 2019년에 영업부서까지 총괄할 기회가 찾아왔습니다. 고백하건대 처음에는 기회라고 생각하지 못했습니다. 뒤늦게 시작한 영업활동, 그리고 숫자와의 싸움이 쉽지 않았거든요. 실적을 추정하고 수익을 챙기기 위해 계산기를 두드리면서 스트레스도 적잖이 받았습니다.

그런데 재미있는 점은, 수익을 생각하고 숫자를 접할수록 관심이 생기면서 '내 일'로 여겨지기 시작했다는 사실입니다.

한 번은 한 금융사 CEO로 근무하는 선배님에게 조직의 이익관리에 대한 자문을 구한 적이 있습니다. 그분의 대답을 저는 지금도 종종 되새기곤 합니다.

"숫자는 그 회사의 인격이다."

즉 회사가 만들어내는 숫자를 들여다보면 그 회사의 성격과 문제점이 보인다는 겁니다. 처음에는 무슨 뜻인지 몰랐습니다. 그런데 시간이 지날수록 한 부서가 만들어내는 숫자의 품질이 보이고 허점도 보이기 시작했습니다. 양질의 수익을 내기 위해 각 부서의 장점과 문제점을 통찰하는 법을 깨닫고, 어떻게 관리해야 하는지도 생각하게 되었습니다.

막무가내로 뛰어든 영업도 처음에는 내 일이 아닌 듯 낯설었지만, 무작정 클라이언트를 찾아가 경쟁 피치 기회를 따내려 노력하는 일도 어느덧 일상이 되었습니다. 저는 그야말로 뻔뻔해졌습니다. 분명 도도한 크리에이터였는데, 어느 순간 영업 관점에서 누군가를 설득하고 있는 자신을 보며 놀라기도 했습니다. 하루는 저와 함께 일하던 남성 임원이 웃으며 말하더군요. '새로운 적성을 찾으신 것 같다'고요. 웃고 넘겼지만, 저도 모르는 새 전환기에 적응한 것 아닐까 싶었습니다. 나의 본질에서 탈출하기 위한 주문이 어느 정도는 효과를 보았다고 할까요.

그렇게 회사 안팎으로 길을 찾아가면서 저는 롤모델이 없어 방황하던 시기를 졸업할 수 있었습니다.

커리어의 전환기를 거칠 때 가장 중요한 것은 앞에서도

말했듯이 '나는 크리에이터가 아니다'라는 주문을 스스로에게 거는 겁니다. 내가 어느 관점에 머물러 있는가에 따라 하는 역할과 일의 범위가 달라지기 때문입니다. 관점을 확장하고 생각을 넓게 열어가는 기본 자세는 나의 본질에서 탈출하는 것이고요.

물론 사람은 누구나 자기 분야에만 최선을 다하고 싶어 합니다. 잘하는 것을 더 잘하고 싶은 게 본능이기 때문이죠. 그러다 보니 나의 전문분야가 아닌 것은 무시해버리고, 스스로가 자신의 업무를 스페셜리스트로 한정해 한 길만 파는 경향이 강해지기 쉽습니다. 그런 성향은 성장에 걸림돌이 되기도 쉽습니다.

더욱이 영역 확장은 누구의 도움에 기대지 않고 스스로의 힘으로 헤쳐가야 하는 작업입니다. 어떤 회사도, 설령 크리에이티비티creativity가 핵심역량인 회사라 하더라도 모든 직원들에게 다양한 기회를 주지는 않습니다. 개인이 손들고 도전하거나, 아니면 HR부서가 창의적인 역량으로 인재를 양성해야 합니다.

대개 기획은 영업이 기본 바탕이어서 수익관리에 익숙할 수밖에 없습니다. 그래서 회사의 중심이 되기 쉽고 평가도 좋게 받습니다. 하지만 영업부서가 클라이언트를 영입하는 능력만이 영업력이 아니라는 사실을 말하고 싶습니다. 원론적으로, 광고회사의 수준 높은 영업은 성공 캠페인을 만들어 클라이언트를 끌어들이는 것입니다. 클라이언트는 결국 캠페인의 결과물로 대행사를 선정하기 때문에, 크리에이티브라는 질적 승부에서 진정한 영업이 이뤄져야 합니다. 크리에이터들 또한 질적인 면에서 수익에 기여하는 주인공이 되어야 하는 거죠.

이를 위해서는 회사가 직원을 관리하는 역량도 필요합니다. 창의성이 중요한 콘텐츠 회사는 크리에이터들의 정서관리와 조직적응을 섬세하게 살펴야 합니다. 동기부여를 어떻게 해주고, 어떻게 신나게 일하게 만들까 하는 것들 말이죠. 수익은 영업부, 캠페인은 크리에이티브 부서라는 단순한 논리에서 벗어나 다양한 가능성을 열어두고 인재를 키워야 합니다.

저는 크리에이티브 부서의 인재를 키울 때 두 가지를 고려해야 한다고 강조하고 싶습니다. 계속해서 크리에이터로 일할 사람, 그리고 임원이 될 사람 두 가지의 커리어 패스 career path를 만들어줘야 한다는 거죠. 즉 '쟁이'로서 크리에이티브에 계속 집중할 수 있는 인재와 조직에 대한 통찰을 가질 수 있는 인재로 나누어 조직 안에서 각자에게 비전을 세워주고 성장의 방향을 세부적으로 설정해주는 것이 중요합니다. 그런 점에서 경영이야말로 개개인의 잠재력을 꽃피우게 하는 크리에이티브가 아닌가 싶습니다.

2020년 현재, 저는 또 다른 전환기에 들어섰습니다. 자회사의 대표이사로 파견발령을 받은 것입니다. 소규모 미디어 회사이며 본사 헤드쿼터의 울타리 안에 있기에 안정감은 있지만, CEO라는 타이틀이 주는 무거운 책임감을 안고 새로운 트랙 위에 서 있습니다.

아직은 비즈니스 모델도 조금 낯설고 걱정스러운 마음도 크지만, 경영자의 관점으로 조직에 대한 통찰력을 키울 기회라는 긍정적인 마음이 불안감을 상쇄해줍니다. 코로나19 여파로 초반부터 크고 작은 어려움이 있지만, 코로나19 이후의 시대에 어떻게 대처할 것인가를 생각하면서 조직 내 체질개선의 기회로 여기고 재정비에 나서려 합니다. 우리의 비즈니스 모델은 과연 시대에 맞는가, 조직문화와 인재양성에 대한 관점은 어떠한가, 어떻게 하면 성과를 효율적으로 낼 수 있는가를 고민하면서 말입니다. 외부활동을 통해 알게 된 분들에게서 다양한 인사이트를 받을 수 있어 감사할 따름입니다. 그중에서도 광고계 대선배님이 전해주신 덕담을 들려드리면서, 제가 받은 큰 용기도 공유하고 싶습니다.

"새 시대의 리더는 크리에이티브 능력이 기본입니다. 경영도 광고도, 과제를 창의적으로 해결하는 해결능력이 전제가 되어야 합니다."

## 진정성은 마이너리스트로부터

'대행'에는 두 가지가 있습니다. 자기가 할 수 없어서 남에게 시키는 대행, 나도 할 수 있지만 번거로워 하기 싫어서 시키는 대행. 전자는 전문가로 불리는데요, 그렇다면 광고대행사의 광고인들은 전문가일까요?

흔히 클라이언트는 처음 일을 맡길 때면 '광고는 전문가들이 알아서 해주세요'라고 합니다. 하지만 시간이 지나면서 한마디씩 더하기 마련이죠. 특히 디지털 시대가 되면서 클라이언트가 마케팅과 광고 전문성까지 주도권을 쥐려는 경우가 더 많아졌습니다. (광고인들은 정말 더 긴장해야 합니다.)

제가 생각하는 근본적인 이유는, 그 브랜드에 누가 더 절실하게 애착을 갖고 있는가의 차이입니다. 그래서 광고마케팅 일을 할수록 깊이 생각하게 되는 것이 하나 있습니다. 바로 브랜드에 대한 책임감입니다.

과거의 저는 브랜드가 이끌어가야 할 커뮤니케이션 상의 크리에이티브에만 책임감을 가졌습니다. 브랜드 이미지에 맞춘 브랜드 정체성, 아이디어, 아웃풋의 질에만 집중했던 거죠. 하지만 마케팅 환경이 바뀌면서 기존 광고의 해법이 더 이상 통하지 않는 경우가 많아졌고, 광고는 자연스레 마케팅의 근원적 문제점을 바라보는 것에서 시작하게 되었습니다.

즉 광고인들은 광고 라는 작은 표현에만 머물 것이 아니라 '마케팅 문제를 어떻게 해결할 것인가'라는 더 깊은 관점으로 바라볼 필요가 있습니다. 광고라는 겉옷만 화려하게 입힐 것이 아니라, 건강을 위한 속옷부터 잘 챙겨 입히는 역할을 해야 합니다. 즉, '브랜드에 대한 책임감'이라는 사명감을 가지고 브랜드를 관리해야 합니다. 이것이 오늘날 업의 본질을 지키는 광고인의 자세입니다.

그러기 위해서는 먼저, 전문가로서의 진정성을 갖추는 것이 기본이라고 생각합니다. 통상 광고회사에서 하나의 브랜드를 관리하는 기간은 길어야 2~3년입니다. 그동안 어떤 자세로 브랜드를 관리하느냐에 따라 브랜드 정체성이나 호감도에 차이가 납니다. 그런 만큼 브랜드의 관리와 성장을 책임지지 않는 광고인은 (조금 과격한 표현으로) 사기꾼과 종이 한 장 차이라는 취급을 받을 수밖에 없습니다. 에이전시, 즉 대행업은 클라이언트 대신 브랜드를 관리하는 일입니다. 책임감이 누구보다 막중하다는 것을 잊어서는 안 됩니다. 전문가로서 인정받기 위해서는 진정성이 근본이 되어야 함이 마땅합니다.

저에게 과제가 하나 더 생겼습니다. 이제까지의 패러다임에서 벗어나는 것입니다. 작년과 올해, 어제와 오늘, 달라지는 맥락에 맞게 관점의 패러다임도 바뀌어야 합니다. 사고방식도, 리더십도 말입니다.

주로 큰 브랜드를 담당하다 보니 제 머릿속에는 늘 '대중이 뭘 좋아할까'가 자리하고 있었습니다. 말하자면 제 상대는 불특정 다수였던 겁니다. 게다가 큰 회사에서 일하다 보니 잘 갖춰진 조직의 안정감은 있었지만 지적인 자극이 적거나 경험의 질이 낮아질까 고민스러웠습니다. 그래서 앞에 이야기한 대로 크고 작은 디지털 회사 및 스타트업과 협업하고, 다양한 전문가weak-tie network와 교류하면서 배우고자 노력했고요.

한마디로 지금 제게 필요한 관점은 마이너리즘minorism입니다. 우리나라에서는 2012년 김난도 교수가 언급하며 알려졌죠. 예측 가능한 뻔한 방식이 아닌 접근방식, 한마디로 비주류 정신을 뜻합니다.

성공적인 스토리텔링 사례로 손꼽히는 브랜드로 몰스킨이 있습니다. 저는 이 브랜드가 마이너리즘의 대표주자라고 생각합니다. 원래 몰스킨은 19~20세기 프랑스 파리에서 사용된 직물의 이름인데, 수첩에 이 직물로 만든 커버를 사용해서 몰스킨이라는 이름이 붙었다고 합니다. 프랑스에서 생산이 중단된 몰스킨은 1997년 이탈리아 밀라노의 소규모 디자인 출판사인 모도앤모도Modo&Modo에서 부활시켜 브랜드로 만들었는데요. 저는 여기서 마이너리즘을 엿보았습니다. 몰스킨은 최고의 예술가들이 사용했다는 탄생 스토리와 함께 '비어 있는 책'이라 어필하며 문구점이 아닌 서점에서 판매했는데요. 실제로 모든 몰스킨 시리즈에는 국제표준도서번호가 부여돼 있습니다. 이 비어 있는 공간에 무언가를 쓰는 순간, 소비자들은 책을 완성하는 창조자가 되는 것입니다. 만약 몰스킨이 '예술가들이 썼던 고급 노트'로 마케팅하면서 일반 문구점에서 판매했다면 과연 오늘날의 입지를 다질 수 있었을까요? 노트를 책이라는 새로운 프레임에 넣어 수많은 베스트셀러 사이에 놓고 팔다니, 얼마나 다른 접근방식으로 태어났는가 말입니다.

더 이상 대중은 없습니다. '개취'의 시대가 열렸고 마케팅도 세포분열하듯 세부적인 부분까지 파고들고 있습니다. 마이너리즘으로 탄생한 브랜드들은 카테고리를 넘어 끼리끼리 모여 플랫폼이 되고, 브랜드와 생각을 함께하는 소비자들의 팬심을 강화하고 있습니다.

브랜드와 제품도 변하고 소비자의 라이프스타일도 변하는데, 마케팅을 하는 사람들의 사고방식에 변화가 일어나지 않는다는 것은 말이 안 됩니다. 더구나 저는 이른바 을 중에서도 을일 수밖에 없는 작은 에이전시의 수장이기에, 회사를 둘러싼 환경에 맞춰 비전을 제시하는 대표이사의 역할과 함께 본부장과 팀장의 역할도 해야 합니다. 안에서 채우지 못하는 역량은 외부 전문가들과 손잡아야 합니다. 본사라는 메이저리그에서 벗어나 마이너리스트가 되는 것이 중요할 수밖에 없습니다.

2장에서 저는 자기 아이디어를 객관화시켜 바라보는 법, 즉 아웃사이드 인을 이야기했습니다. 주관에서 벗어나 사물이나 상황을 객관적으로 보고 나면 버려야 할 것이 보이고 무엇이 문제인지도 알 수 있다는 겁니다.

CD에서 ECD인 본부장이 됐을 때는 팀 하나하나의 차이점과 장단점이 보였습니다. 크리에이티브 조직을 이끌다가 기획부서까지 총괄하게 되니 크리에이티브 조직의 문제가 보이기 시작했습니다. 이제는 회사 전체를 조감하다 보니 전체적인 업무 조화와 인력 배분, 역량과 수익의 밸런스가 눈에 들어옵니다. 내년에도 각 부서가 지속적으로 성장할 것인지, 회사의 정체성을 지키는 동시에 어느 부서에 자원을 집중해서 수익을 만들 것인지도 생각하게 됩니다. 본사를 지원하는 자회사로서 어떤 전문성을 가져야 하는지, 질 좋은 수익은 어떻게 만들고 어떻게 자립할 것인지도 고민입니다.

츠타야 성공신화를 쓴 마스다 무네아키増田 宗昭는 《지적자본론》에서 "혁신은 아웃사이더가 일으킨다"고 말했습니다. 내가 종사하는 산업에만 매몰되지 말고 다른 산업이나 자연, 문화에서 가능성을 찾으라는 의미입니다. 그래서 리더는 회사가 아니라 세상 밖에 있어야 한다고요. 아웃사이더의 관점, 어쩐지 마이너리즘과 비슷하지 않나요.

오늘, 진정성을 마음에 품고 마이너리스트가 되어야겠습니다.

# 내 인생을 프로듀스하는 법

돌이켜보면 내 일을 찾는 과정은 항상 변화의 연속이었습니다. 법을 공부하다 덴츠 PR국에 입사하고 다시 제작국으로 옮겨가 카피라이터가 됐으며, 도쿄에서 일하다 호치민으로 자리를 옮겼고, 지금은 마닐라에 있습니다. 처음부터 이렇게 변화무쌍한 커리어를 쌓을 계획은 아니었습니다. 다만 이 과정에서 크리에이터에게, 그리고 크리에이티브라는 업에 다양성과 유연성이 얼마나 중요한지를 조금씩 깨닫는 중입니다. 평생 일해야 하는 100세 시대, 내가 지녀야 할 가치도 함께 말입니다.

## 행복해야 크리에이티브할 수 있을까

"Rich하지 않은데 Rich한 세상 따위 알 수 없습니다.

Happy하지 않은데 Happy한 세계를 표현할 수는 없습니다."

1973년, CF의 신이라 불리던 디렉터가 이런 유서를 남기고 스스로 목숨을 끊었습니다. 그의 이름은 스기야마 토시 杉山 登志. 신인 카피라이터 시절 과거 명작을 공부하다, 어린 시절 좋아했던 시세이도 광고의 감독이 그였다는 사실을 알고 놀랐던 기억이 있습니다. 도서관에서 공부하던 소년이 '어른 여성'과 눈이 마주치고 가슴 설레는 내용인데, 대사 한 줄 없이 소년과 여성의 시선만으로 광고 상품인 아이새도의 매력을 그대로 느끼게 해주었습니다.

내가 행복하지 않으면 남을 행복하게 하는 콘텐츠는 만들 수 없는 것일까. 크리에이터로서 저는 마음속 어딘가에 항상 이런 의문을 품고 있었습니다. 책을 쓰면서도 이 의문을 놓지 못했고, 어떤 사람들이 크리에이터가 됐는지를 다시 생각해봤습니다.

그러다 깨달은 것이 있습니다. 유명 크리에이터 몇몇이 어린 시절 따돌림 당한 경험을 털어놓았다는 사실을. '왜 이 사람은 나를 괴롭힐까, 나에게 무슨 문제라도 있나, 가정환경 때문인가, 아니면 가해자 탓일까, 폭력적인 만화나 드라마 영향을 받았을까.' 하굣길에서, 집에 돌아와 씻으며, 그들은 부모에게도 말할 수 없는 고민을 혼자 깊이 생각했다고 합니다. 그들의 이야기를 떠올리며 '그 시간들이 훗날 크리에이터의 자양분이 되었던 건 아닐까' 하는 생각을 했습니다.

따돌림을 옹호하려는 것은 결코 아닙니다. 다만 크리에이티브를 계속하기 위해서는 반드시 나만의 고독한 시간이 필요하다는 말을 하고 싶습니다. 팀이 함께 의견을 나누는 과정도 중요하지만, 저는 기본적으로 아이디어는 혼자만의 사고에서 비롯된다고 생각합니다. 나만의 세계에 빠져보는 것, 자신의 감정을 깊이 들여다보는 경험 말입니다. 그러면서 행복에 대한 생각도 깊어지지 않을까요.

어떤 콘텐츠를 만들지는 창작자의 자유입니다. 잔혹한 전개, 슬픈 결말, 왕자님과 결혼하는 해피엔딩, 전쟁, SF… 어떠한 이야기도 가능합니다. 하지만 광고라는 콘텐츠 안에서는 지켜야 할 약속이 있습니다. 제품이나 서비스에 표현이나 비주얼로 가치를 불어넣어야 한다는 것. 즉 그 제품이 내 생활 속에 들어온다면 행복해질거라고 이야기해야 합니다. 때문에 자신이 행복한지는 둘째 치더라도, 행복을 깊이 생각해본 사람, 감성이 민감한 사람이 크리에이티브라는 업에 잘 맞는지도 모르겠습니다.

저에게는 개인적으로 진행하는 프로젝트가 있는데요, 바

로 자살방지 프로젝트입니다. 2011년 밴드 와카바WAKABA
의 뮤직비디오를 제작한 것도 그 일환이었습니다. 당시 일본
은 자살로 인한 사망자 수가 3만 6000명에 달했습니다. 도
쿄 마라톤 참가 인원과 맞먹는 수준이라고 하면 감이 올까
요? 저는 민간 비영리단체 활동을 커뮤니케이션 측면에서
지원하고 있었는데, 와카바가 스스로 목숨을 끊은 팬을 기
리기 위해 〈불빛あかり, torch light〉이라는 곡을 만들면서 저에
게 뮤직비디오 만드는 걸 도와달라고 부탁해왔습니다. 저는
애니메이션 스토리와 가사 일부를 맡아, 직설적으로 '자살
하지 말라'고 하기보다는 "꾀부려도 괜찮아, 도망쳐도 괜찮
아, 실패해도 괜찮아, 나에게도 네가 필요해, 나도 너에게 필
요한 존재가 되고 싶어"라는 메시지를 담았습니다. (감사하게
도 한국어 자막을 입혀주신 분이 있네요.)

밴드 와카바의 〈불빛〉 뮤직비디오

계속 자살방지 캠페인을 돕는 데에는 이유가 있습니다. 저
에게는 고등학생 시절 사이좋았던 친구가 있었습니다. 머리
가 좋고 웃는 모습이 귀여운 데다 부잣집 아이라 마치 드라
마 주인공 같은 친구였습니다. 그런데 2학년 때, 가족과 함

께 있고 싶지 않다며 그 친구가 한 달가량 저희 집에 머문 적이 있습니다. 부모님이 데리러 와서 결국 돌아갔지만, 3학년이 되고 모두 입시로 바빠졌을 때 어느 샌가 다시 집을 나와 부모님이 마련해준 집에서 따로 살고 있더군요. 친구는 입시에 두 번 실패했고, 결국 가고 싶었던 곳이 아닌 다른 대학에 진학했습니다. 그러고 얼마 안 되어 스스로 목숨을 끊은 겁니다.

13주기 때 찾아뵈니 친구의 어머니가 이런 말씀을 하시더군요. 가족과 끝까지 화해하지 못했다고요. 힘들었을 텐데도, 자존심 강했던 그 친구는 우리에게 아무 말도 하지 않은 채 사라져버렸습니다.

눈치 채셨겠지만, "사라지지 마"라는 가사는 제가 친구에게 보내는 메시지이기도 합니다. 어떻게 하면 그 친구가 행복해질 수 있었을까. 제 안의 이 물음은 결코 사라지지 않을 것입니다.

2019년 일본의 자살 사망자는 2만 169명으로 조금씩 줄어드는 추세입니다. 이 감소세가 지속되어 결국 0이 되기를 바라는 마음으로, 앞으로도 계속 이 프로젝트를 진행하려고 합니다. 행복은 무엇인지, 어떻게 하면 행복해질 수 있는지 계속 질문하면서 말이죠.

## 스트레스를 에너지로 바꾸려면

"스트레스를 받을 때는 어떻게 대처해야 하나요?"

요즘 밀레니얼 세대 크리에이터들에게 자주 받는 질문입니다. 솔직히 말하면 제가 일하던 시절에는 대처법 같은 것을 생각해본 적이 없었습니다. 문제로 인식하지 못했다는 말이 더 맞겠네요. 저는 순종적이었습니다. 잠도 조금밖에 안 잤고, 집에는 씻고 옷만 갈아입으러 가는 수준이었습니다.

힘들지 않았다면 거짓말입니다. 하지만 힘들어도 이 일을 끝내면 실컷 잘 수 있고, 밀린 드라마를 비디오테이프로 (VOD가 있던 시절이 아니니까요) 몰아서 보고, 데이트하고, 다 같이 술 마실 수 있다는 작은 보상을 목표로 앞만 보고 달렸습니다. 물론 그전에, 내가 만든 광고가 TV에 나오고, 작게라도 신문에 게재되는 것을 보는 순간 소리 지르고 싶을 정도로 기뻤다는 이유가 가장 컸습니다. 힘들 겨를이 없었죠. 업무가 끝난 후를 상상하며 버티고 있었는지도 모릅니다.

덧붙여보자면 스트레스라는 개념 자체가 뚜렷하지 않았던 이유도 한몫했을 겁니다. 있긴 하지만 실체화되지 않은 채 애매하게 존재하던 것들이 명확하게 단어로 정의되는 순간, 사람들은 그것에 얽매이게 됩니다. 스트레스도 그런 존재 같습니다. 예전에는 큰 문젯거리로 인식되지 않았다가 요즘은 '만병의 근원'이 되었으니까요.

어쨌거나, 오늘날 우리를 괴롭히는 스트레스의 원인 중 하나는 시간입니다. 누구나 스마트폰을 가지고 있는 오늘날에는 모든 것이 빠르고 분주합니다. 크리에이터들은 이제 페이스북에 올릴 콘텐츠를 매주 세 편씩 준비해달라는 요청을 받습니다. 그뿐인가요, 인스타그램 스토리용 이미지와 짧은 카피를 쓰고, 틱톡에 게재할 영상은 라이브 느낌이 나게 스마트폰으로 찍어야 합니다. 끝도 없이 이어지는 업무에 눈코 뜰 새가 없습니다. 내가 만든 제작물을 보고 기뻐할 시간이 없습니다. 업무 이후에 맛볼 보상 따위는 꿈같은 소리. 물론 이제는 집에 가서 녹화한 비디오테이프를 볼 필요 없이 드라마든 영화든 보고 싶어지면 일하다가도 바로 스마트폰으로 볼 수 있지 않냐고 반문할 수도 있지만, 이런 식이면 업무와 휴식이 뒤섞여 정신적으로 차분해지기 어렵습니다.

2015년 캐나다 마이크로소프트사가 "현대인의 집중력은 8초밖에 지속되지 않으며 이는 금붕어의 9초보다 짧은 수준"이라는 놀라운 연구결과를 발표한 바 있습니다. 모바일 기기 보급이 가속화되면서 2000년의 12초보다 급격히 짧아진 것입니다. 편리함을 제공하는 도구라 생각했는데 오히려 이 도구의 노예가 되고 만 아이러니한 상황이죠.

그러면 어떻게 해야 할까요? 저는 항상 '스트레스를 에너지로 바꾸자'고 말합니다. 쓸모를 다한 낙엽을 태워 고구마를 굽는 것처럼, 부정적인 감정을 잘 이용하자는 것입니다. "이런 젠장!" 하고 욕하고 싶다면, 그 힘을 창조적 에너지로 바꾸기 위해 자신의 뇌에 묻어두는 연습이 필요합니다.

뇌는 컴퓨터처럼 작용합니다. 의욕을 지탱하는 호르몬이 분비되는 부분도 따로 있죠. 부정적 사고에 빠지기 쉬운 사람은 그 부분이 약해져 있어서, 필요할 때에도 의욕 호르몬 분비에 어려움을 겪습니다. 하지만 내 몸을 지배하는 건 호르몬이나 외부 상황이 아니라 나 자신이 되어야 하지 않을까요? 물론 해결해야 할 문제가 수면 위로 드러나는 건 좋은 일입니다. 다만 문제를 객관적으로 보지 못하고 과하게 몰입해 '내가 너무 불쌍해'라는 생각에서 헤어나지 못한다면 악순환을 불러올 뿐입니다.

아이슬란드에는 "Solar free"라는 말이 있습니다. 아이슬란드어로는 'SÓLARFRÍ'라고 쓰는데요. '날씨 휴가' 같은 의미로, 날씨가 좋아서 그날 일을 쉰다는 뜻입니다. 정말 행복해지는 말 아닌가요? 이렇게 스스로를 행복하게 만드는 소스나 마법의 주문을 하나씩 차곡차곡 쌓아놨다가 들여다보는 건 어떨까요. 저는 《행복을 주는 1만 4000가지14000 Things to Be Happy About》라는 책을 오랫동안 간직하고 있는데요, 초보 카피라이터 시절부터 정신적으로 피로해질 때

펼쳐보곤 했습니다. 그림은 없고 '방안에 온통 튀어오르는 팝콘'이나 '피부를 가라앉혀주는 페이스크림' 같은 말만 나열해놓았지만, 상상해보면 마음이 따뜻해집니다. 작은 여행을 다녀온 기분이죠. 신기하게도 CD가 되고 나서는 그 책을 들여다보는 일이 없어졌습니다. 제 사무실 책장에 두면 꼭 누군가 빌려갔거든요. 도쿄에서도, 호치민에서도, 지금 있는 마닐라에서도 이 책은 대활약 중입니다.

바쁜 시간의 흐름에서 잠시 벗어나는 것도 방법입니다. 쉽게 말하자면 깨어 있는 동안 스마트폰을 보이지 않는 곳에 두는 겁니다. 냉장고, 옷장 속처럼 말입니다. 처음에는 주말 2시간 정도로 시작해도 됩니다. 저는 헬스장에서 운동하는 동안, 수영하는 동안, 가족이나 친구와 식사하는 동안, 술 마시는 동안에는 스마트폰을 만지지 않습니다. 처음에는 불편해도, 익숙해지면 기분전환 효과가 그만입니다. 능률이 올라가는 건 물론이고요.

중요한 것을 잊었네요. 스트레스의 또 한 가지 원인, 바로 사람입니다. 정말 피하기 힘든 문제죠. 그 사람 보기 싫다고 회사나 모임을 그만두기는 억울하고요. 그렇다면 어떻게 해야 할까요?

저는 예전부터, 불쾌한 말을 하는 사람이나 나를 괴롭히는 사람이 있다면 '참 가지가지 한다, 그럴 시간이 있니?'라는 생각으로 한 발짝 물러서서 바라봤습니다. 상상 속에서 진귀한 동물을 보듯 동물원 우리에 가두기도 하고요. 그렇게 하다 보면 신기하게도 점점 화가 가라앉더군요. 심리학적으로는 '신의 관점에서 바라본다'고 표현합니다. 높은 시점에서 상황을 관조하는 것만으로도 지금까지는 보이지 않았던 것이 보이고, 마치 소설가가 된 듯한 기분도 느낄 수 있습니다. 이렇게 관점을 바꿔보는 태도는 일뿐 아니라 살아가면서 여러 방면으로 도움이 된다고 생각합니다.

개인적으로는 괴롭히는 사람을 마주 괴롭히거나 싸움을 거는 일은 피하는 쪽입니다. 남에게 스트레스 주는 사람들은 그 자체를 즐거워하기 때문에 상대방이 괴로워할수록 더 하거든요. 괴로움의 덫을 피해 미꾸라지처럼 요리조리 잘 빠져나간다면 상대방도 점점 흥미를 잃을 겁니다. 30년 가까이 해온 제가 보장합니다!

## 100세 시대, 내 인생의 크리에이티브

──────

'100세 시대'라는 말이 사람들 입에 오르내리기 시작한 것은 런던 대학 비즈니스 스쿨의 린다 그래튼 교수가 《100세

인생The 100-Year Life: Living and Working in an Age of Longevity》을 출간하면서부터입니다. 수명이 80세 정도라 생각했던 저는 아찔했습니다. 100세까지 산다면 일도 더 오래 해야 하니까요! 회사 정년인 60세보다 20~30년은 더 일해야 한다는 뜻입니다. 맙소사!

이런 100세 시대에 코로나19 사태까지 터졌습니다. 한국은 잘 대처하고 있지만, 제 모국인 일본이나 미국, 유럽에서는 재택근무가 일상이 되었습니다. 구체적으로는 이런 풍경이 펼쳐지고 있죠.

① 회사에 가지 않는다.

② 회의는 온라인으로 한다.

③ 가끔 가족이나 강아지, 고양이가 일을 방해한다.

④ 상반신만 제대로 된 옷을 입고 일한다.

⑤ 조금만 틈이 나면 넷플릭스를 켜게 된다.

⑥ 식사를 거하게 하거나 간식을 엄청나게 먹는다(이건 사람마다 다르겠네요).

이처럼 업무환경이 변하면서, 취미와 일 모두를 바라보는 태도 또한 달라지고 있습니다. 가령 이런 것들입니다.

① 오페라나 전시를 온라인에서 무료로 감상할 수 있다.

② 디자인, 금융, 심리학 등 새로운 분야를 공부하기 시작

했다.

③ 재택근무가 해제되면 부업을 시작하거나 이직을 고려
해볼 계획이다.

회사 측도 변하는 건 마찬가지입니다. 이런 시나리오도
가능하지 않을까요.

① 코로나19 사태 이후 생산성, 수익성이 떨어진다.

② 사무실을 도심에 두는 비용이 부담된다.

③ 직원에게 주는 급여도 줄이고 싶다.

④ 그래서 부업을 인정해주기로 한다.

이렇게 되면 지금처럼 한 회사에만 근무하는 형태가 아닌
투잡, 스리잡이 일반화될지도 모릅니다. 조직을 떠나 프리랜
서가 되는 사람이 늘 수도 있고, 일하는 장소가 유연하게 바
뀔 가능성도 커지죠.

물론 아직까지는 어떤 일이 생길지 누구도 확언할 수 없
습니다. 그렇다면 지금 이 국면을 '새로운 인생을 시도하기
위한 기간'이라고 해석하면 어떨까요. 지금까지 우리의 인생
은 학습-취업-퇴직(여가를 즐기는 기간)의 3단계였습니다. 하
지만 100세 시대에 더해 근무환경이 유연해질 기회까지 맞
았으니, 일하다 유학을 가거나, 출산휴가를 충분히 쓰거나,

회사를 그만둬도 개인기를 살려 새로운 일을 발견하는 등 변화무쌍한 삶을 살아도 좋겠습니다. 회사 안에서의 다양성 뿐 아니라 내 인생에서도 다양성을 추구해보는 것입니다.

그것을 결정하는 사람은 바로 여러분입니다. 스스로가 내 인생의 프로듀서가 되는 거죠. 멋지지 않습니까? 윈스턴 처칠은 "좋은 위기를 낭비하지 말라Never let a good crisis to go waste"고 말했습니다. 코로나19 사태라는 이 위기를 좋은 위기로 삼을지는 여러분에게 달려 있습니다.

인간이 지닌 기술의 유통기한은 짧아지는데 수명은 길어지고 있습니다. 스스로를 계속 업데이트하지 않으면 넘어지고 마는 시대입니다.

크리에이티브도 마찬가지입니다. 특히 요즘은 알고리즘을 활용해 정보가 제공되다 보니 프로그래밍(또는 프로그램 언어)을 배우는 사람이 늘어났는데요. 기기마다 효과적인 디자인이 다르고, 인간의 하루 심리변화에 맞춰 메시지도 다르게 제시해야 하기 때문에 UX, UI가 특히 각광받고 있습니다. 그만큼 업과 관련된(혹은 관련이 없더라도) 갖가지 기술을 계속해서 배우는 사람이 많다는 뜻입니다. 저도 마찬가지여서, 지금 제 관심사는 뇌 과학과 경제학이 만난 학문인 신경경제학입니다. 공간 디자인도 공부해서 기업이 운영하는 공간이나 새로운 형태의 미술관을 만들어보고 싶습니다. 술을 좋아해서 사케 소믈리에 자격증이 있는데, 기왕이면 사케 양조장 분들과 협업해 새로운 시도를 해보고도 싶습니다. 하고 싶은 일이 계속 떠올라서, 지금 일을 어떻게 마무리할까 고민이 될 지경입니다.

여러분도 각자의 전환기를 맞이할 겁니다. 나이나 경력에 상관없이, 앞으로는 변화가 일상인 시대가 찾아올 테니까요. 그렇다면 이런 리스트를 작성해보는 건 어떨까요? 지금까지 클라이언트를 위해 사용했던 시간을 나와 가족을 위해 조금 나눠보는 것입니다.

— 지금부터 하고 싶은 일
— 지금 나의 기술로 할 수 있는 일
— 하고 싶은 일에 뛰어들기 위해 필요한 새로운 배움
— 일하는 시간과 내 시간의 균형을 맞추는 방법

능력을 측정하는 잣대가 IQ에서 EQ로 바뀌고, 이제는 AQ(Adaptability Quotient, 적응지수)의 시대가 오고 있습니다. 변화를 환영합시다. 새로운 것에 도전합시다. 바이러스와 공존해야 하는 시대 또한 변화에 대응하는 능력만 있다면 헤쳐갈 수 있을 것입니다. 저 또한 이 책을 쓰면서 깨달은 저의 시대착오적인 생각들을 버리려 합니다. 두뇌를 유연하게 바꾸고, 아메바처럼 형태에 얽매이지 않고 새로운 스킬을 계속 흡수하겠습니다.

물론 희로애락을 전파하기 위한 설계도는 계속 그려나갈 예정입니다. 인간 그리고 행복을 생각하는 크리에이티브를 계속하고 싶으니까요.

**Okamura**

100세까지 일하는 시대,
나는 어떻게 살아야 할까요?

&#x2571;

**Park**

나는 더 이상 크리에이터가 아닙니다.
이제는 리더가 되어야 할 때입니다.

# 뒤에 올 여성 크리에이터들에게

## 행복한 크리에이티브는 지금부터

### 밀레니얼, Z세대와 어깨동무하기

영화 〈악마는 프라다를 입는다〉 보셨나요? 커리어 우먼이
되고 싶은 사회초년생 앤드리아와 악마 같은 보스 미란다
를 통해 성공을 향한 여성들의 냉혹한 사회를 보여줬죠. 그
런데 영화 마지막에 앤드리아가 일을 포기하고 사랑을 선택
하는 장면에서 '저런 멍청이'라는 말이 저도 모르게 튀어나
왔습니다. 영화 내내 일에 대한 열정을 넘치도록 보였던 만
큼, 사랑만으로는 언젠가 후회할 거라는 생각을 지울 수 없
었던 겁니다. 두 가지를 병행하며 사는 것이 더 행복하지 않

을까요? 더욱이 요즘은 사회적으로도 워라밸을 권장하는 시대니까요.

하지만 한편으로는 워라밸을 어디까지 지켜야 할지도 고민입니다. 밀레니얼 세대, Z세대와 함께 일하는 요즘에는 창의적인 업무를 하는 회사들조차 세대차이 때문에 고민이 이만저만 아닙니다. 한 번은 후배 CD가 팀원 눈치 보느라 야근하자는 말을 못해서 결국 혼자 다 했다고 하소연하더군요. 프로젝트가 몰려 주말에 일하게 될 수도 있다고 미리 양해를 구하면, 팀원 중 누군가는 주말여행을 예약해놓아서 자기는 안 된다고 바로 통보한다고도 합니다. 그러니 예전처럼 CD 혼자 열정적으로 의욕을 불태우기도 민망한 모양입니다.

그뿐만이 아닙니다. 예전에는 아무리 일이 많아도 다들 잘나가는 리더와 함께 일하고 싶어 했는데, 최근에는 일이 없는(클라이언트에게 인기가 없는) 리더 밑으로 가겠다는 팀원도 있다고 합니다. 저는 이 말을 듣고 적잖이 충격을 받았습니다. 누구보다도 열정적이고 창의적인 시기를 보내야 할 크리에이터들이 이런 생각을 하다니요. 워라밸은 말 그대로 일과 생활의work and life 균형인데, 일이냐 생활이냐work or life 양자택일을 하는 후배들이 점점 늘어나고 있는 것 같습니다.

고대 그리스에도 '요즘 애들'에 대한 푸념이 있었다고 하니 어느 시대에나 신세대, 신인류는 존재했나 봅니다. 저도 실은 옛 선배로부터 '신세대인 너 때문에 고민이 많았다'는 말을 들은 적이 있습니다.

문제는 항상 한쪽이 양보해야 한다는 암묵적인 규칙이 조직문화에 존재했다는 겁니다. 주로 후배들이 선배에게 맞추는 것이 슬기로운 회사생활이었죠. 그러다 밀레니얼 세대와 1990년생들이 회사에 들어오기 시작해 그 수가 늘어나면서 꼰대들을 향한 반격이 시작된 겁니다.

얼마 전 미국의 경영 컨설턴트인 사이먼 사이넥이 밀레니얼에 대해 언급한 강의 동영상을 봤습니다. 그는 밀레니얼이 회사에 적응하지 못하는 이유를 잘못된 교육에서 찾더군요. '너는 최고야'라는 부모의 관심과 보호 속에 존중받고 자랐으며, 어릴 적부터 IT기술이 발달한 고급 환경에서 디지털 기기를 능숙히 다루며 살아왔기에 오롯이 혼자 생각하는 법이나 시련을 견디는 법을 훈련하지 못했다는 것입니다.

장점은 자신만의 취향이나 관심사에 대한 열정이 높다는 것. 그러니 적절한 환경을 만들어준다면 자신의 성장을 위해 업무에도 열정을 보일 수 있다고 했습니다. 하지만 현존하는 회사들은 기성세대들의 완성품이고, 아직까지 경영자들이나 리더들이 밀레니얼의 의식과 문화를 받아들일 준비가 되지 않아 격차만 느끼고 있다는 겁니다. 그러면서 그는 '지금 우리에게 주어진 세대는 밀레니얼이다'라는 사실을 받아들이고, 그들에게 맞는 리더십과 문화를 만들어야 한다고 강조했습니다. 매우 공감합니다.

코로나19로 비대면 회의가 늘어나고 재택근무가 일상이 될 거라는 가정이 힘을 얻고 있습니다. 그렇다면 앞으로는 Z세대와 밀레니얼에게 최적화된 환경이 조성될 수도 있죠. 최근 한 회사에서 '효과적인 재택근무를 위한 아이템'이 무엇인지 조사해보니, 음악을 들을 수 있는 액세서리가 필요하다는 답변이 제법 많이 나왔다고 하더군요. 회사 동료와는 비대면으로 일하고, 나만의 공간에서 내가 좋아하는 것과 함께 일에 흠뻑 빠진 모습이 보이는 것 같습니다.

다시 본론으로 돌아와서, 지금 시대에 가장 필요한 것은 조직 내의 상호존중이라 생각합니다. 존중은 상하관계를 넘어 상대방을 서로 이해하려는 노력에서 시작됩니다. 특히 광고나 콘텐츠 분야는 사람이 함께 생각을 모으고 협업하는 일이므로 자유롭고 편한 상호소통이 불가능하다면 다른 산업보다 특히 어려움을 겪을 수밖에 없습니다.

예전에 본부 워크숍에서 후배들에게 이런 말을 한 적이 있습니다.

"광고란 세대를 아우르는 일입니다. 20대인 여러분이 50대 중년의 제품을 연구해야 하기도 하고 40대가 20대의 브랜드를 광고해야 할 때도 있습니다. 따라서 광고인이라면 전 세대의 삶을 이해하며 살아야 하지 않을까요. 마찬가지로 회사에서도 선후배가 서로 이해하고 존중해줘야 합니다."

한 가지 더, 크리에이터가 되고 싶은 밀레니얼과 Z세대에게 이 말을 꼭 전하고 싶습니다. 아무리 시대가 바뀌어도, 일 잘하는 사람과 그렇지 못한 사람은 존재한다는 사실입니다. 누가 전문가로 빨리 성장하는가는 초반에 누가 더 열심히 달리느냐로 결정됩니다. 평생 먹고살 내 일이 결정되는 시기도 보통 30대라고 합니다. 그러니 전문성이라는 능력의 차이는 결국 초년의 자신이 만든다는 현실을 냉정히 알려주고 싶습니다.

크리에이티브라는 성장학교에서 배우기 위해서는 환경뿐 아니라 본인의 의지도 필요합니다.

크리에이티브는 성실함이 본질이니까요.

### 여성의 연대를 위해

회사 후배가 재미로 사주를 봐준 적이 있습니다. 저는 크리스천이라 사주를 믿지는 않지만, 제가 불을 지피는 사주라 평생 일을 한다는 말을 듣고 참 기뻤습니다. 100세 시대에 죽는 날까지 좋아하는 일을 할 수 있다면 얼마나 행복할까요.

최근에 '나는 왜 이 일을 하는가'라고 자문해보았습니다. 뻔한 결론일지 모르겠습니다만, '내가 하는 일은 내 삶의 중요한 일부이니 결국 내가 행복하기 위해 이 일을 하는 것이 아닐까'라는 답이 돌아왔습니다. 그러니 마음에도 없으면서 '당장 때려치우겠다'고 입버릇처럼 말하기보다, 주위의 긍정적인 경험을 찾아 내가 할 수 있는 일을 하기로 마음먹었습니다.

무엇보다도 여성 후배들을 양성하고 싶다는 생각이 들었습니다. 저는 여성이자 크리에이터입니다. 이 두 가지 전제 하에 제가 겪었던 긍정적인 요소를 후배들과 공유하고 성장할 수 있는 길을 열어주고 싶었습니다. 조직에서 일하면서 여자로서 무엇이 왜 힘들었는지, 크리에이터로서 어떤 문제를 해결해야 성장할 수 있는지 경험한 것을 나누고 싶다는 생각을 했습니다. 누군가가 나를 통해 성장할 수 있다면 그것이 곧 나의 성장이고 행복이니까요.

최근 대기업에서 여성 임원을 많이 양성하고 있습니다. 문제는 그다음입니다. 대부분의 회사는 일하는 여성을 많이 겪어보지 못했거나 아예 없는 경우도 허다합니다. 그러다 보니 이제까지 해온 것처럼 남성과 똑같은 방법과 태도로 일하고 적응하기를 요구합니다. 여성의 장점을 발견하고 살리려 노력하기보다는 기존의 틀에 맞추려 하고, 결과가 좋지 않으면 여자라서 그렇다며 성급히 일반화합니다. 함께 일하는 여성에 대한 이해가 부족한 남성 리더가 그만큼 많다는 뜻이기도 합니다. 슬픈 현실이죠. 요즘 여성 임원이 늘어나자 남성들이 '여인천하'라고 비꼰다는 이야기도 들었는데요, 그 말을 듣고 화가 나더라고요. 이제껏 남성천하였는데 고작 여성 임원이 몇 퍼센트 늘었다고 그런 말을 하다니요.

여성이 여성을 키워야 합니다. 그러기 위해서는 여성 간의 연대가 있어야 한다고 생각합니다.

그런데 여성 연대를 찾아보기가 생각보다 어렵습니다. 단순한 친분 모임이 아니라, 실제로 긴밀히 협업하거나 실무적 조언을 해줄 수 있는 감성연대 말입니다. 업무 외적으로도 여성에 대한 편견을 개선하려는 노력이 '함께'라는 의지로 서로 연결되어야 합니다. 이러한 조직문화를 조성하는 데에는 리더의 성향이 결정적이므로, 지금보다 여성 리더가 더 많아져야 합니다.

어느 세미나에서 여성 후배들이 여성 리더에 대해 평균적으로 더 비판적이라는 이야기를 들은 적이 있습니다. 물론 조직과 개인의 성향에 따라 차이는 있겠지만, 마치 여성에게 리더십이 부족하다고 단정하는 느낌이어서 씁쓸하더군요.

이에 대해 어느 교수님은 이런 말씀을 했습니다. 대부분의 남성 리더들은 여성 후배들을 대하기 불편해한다는 겁니다. 그래서 일하다가 부족한 면이 보여도 별다른 지적 없이 남성 후배들에게 시키거나 본인이 그냥 해버린답니다. 여성 후배 입장에서는 잔소리 안 하는 선배로 보일 수 있겠죠. 반면에 현재 조직의 리더로 자리잡은 여성들은 대부분 치열한 경쟁을 뚫고 억척같이 일해온 사람들입니다. 이들은 여성 후배를 보면서 예전의 자신을 떠올리게 되고, 그만큼 아쉬운 부분이나 부족한 부분이 잘 보이고 기대도 많이 하게 돼 업무에서도 더 높은 완성도를 요구한다는 거죠. 이에 부응하는 후배라면 함께 성장할 것이고, 그렇지 않으면 불만이 생길 수밖에 없다는 겁니다. 꽤 그럴듯한 가정이라고 생각합니다.

제가 생각해본 또 한 가지 가정은, 여성은 업무현장에서 감정에 먼저 반응하는 경향이 있다는 것입니다. 물론 사람에 따라 다르지만, 여성들은 상대방이 저 말을 왜 했을지, 혹은 내 말을 어떻게 받아들일지를 남성보다 한층 진지하게 고려하는 편입니다. 제 경우도 업무에 관해 질책할 때 여성 후배들에게는 되레 강하게 말하지 못하는 편입니다. 감정적으로 상처받으면 어쩌나 하는 생각 때문입니다.

하지만 이것도 공과 사를 분명히 하자는 기준에서는 옳

지 않죠. 그런 만큼 여성 리더들은 감정을 빼고 일을 중심으로 소통하는 습관을 들일 필요가 있다고 생각합니다. 특히 부정적인 피드백을 주다 보면 자칫 감정이 격해져 일이 아니라 그 사람 자체를 공격하기 쉬우니, 리더라면 무조건 일에 초점을 맞춰 소통하는 습관을 들여야 합니다. 저도 다시 한번 다짐해봅니다.

이처럼 여성들이 리더십이 부족하다고 무조건 몰아붙일 것이 아니라, 여성 후배들과 어떻게 소통할지 구체적인 방안을 제시해야 하지 않을까요? 우리의 연습도 당연히 있어야겠고요. (그런데 여성 리더십은 있는데 남성 리더십이라는 용어는 왜 없는 걸까요?)

물론 여성 리더와 여성 후배의 관계가 늘 어렵고 껄끄럽다는 이야기는 아닙니다. 저는 힘들었을 때 여성 후배들의 한마디에 큰 위로를 받았던 적이 많습니다. 곁에서 지켜보고 신경 써주는 그들과 감성적으로 활발하게 교류하기도 했고요. 그런 관계가 어느 순간부터인가 저를 향한 긍정적인 에너지로 느껴지기 시작했습니다.

최근에는 다양한 콘텐츠에서도 여성 간의 연대가 그려지기 시작했습니다. 넷플릭스에서 볼 수 있는 〈믿을 수 없는 이야기Unbelievable〉 시리즈는 특히 강추합니다. 여자 형사 두 명이 연쇄 강간범을 잡는 내용으로, 남자들이 해결하지 못한 사건을 여성들이 끈기와 의리, 연대로 해결하는 과정을 보면서 세상은 이런 힘으로 변한다는 생각을 새삼스레 하게 됐습니다.

2019년 가을, 구글 여성 리더십 컨퍼런스Women will에 스피커로 초대받았습니다. 양성평등 이야기가 오가는 자리에서, 디지털 에이전시에 다니는 여성이 "일 외에 여성 임원의 역할은 무엇이냐"고 저에게 질문하더군요. 저는 이렇게 답했습니다.

"사람은 브랜드와 같기에 자신만의 본질과 가치를 만들어야 합니다. 실무를 하는 동안에는 자신의 본질, 즉 전문성을 확고히 하는 데 집중하고, 임원이 된 후에는 회사의 가치를 새롭게 창조하는 데 집중해야 합니다. 여성 임원이 창조해야 할 가치 중 하나는 여성 후배를 양성하는 것입니다."

그리고 업계 후배들에게 이런 부탁을 남겼습니다.

"여기 계신 리더 여러분이 무조건 버텨주십시오. 일하는 여성이 늘어나다 보면 회사가 바뀌고 세상이 바뀔 겁니다."

바뀌는 세상을 향해 저도 현재진행형으로 달리고 있습니다. 아마 지금도 여성이라는 편견에 갇힌 날 선 시선이 사방에서 저를 지켜보고 있을 겁니다. 남성과 똑같이, 더 열심히 일해도 '열정적이다'가 아니라 '욕심이 많다'고 하고, 깊이 고민하면 '신중하다'가 아니라 '소심하다'고 단정하는 눈 말입니다.

하지만 저는 매일 스스로에게 선물 같은 한마디를 해줍니다.

지금까지 잘 버텨왔고, 나의 무대는 넓다고 말이죠.

진짜 크리에이티브는 이제부터 시작입니다.

어느덧 마무리를 해야겠네요. 책 제목이 '커리어 대작전'인데 솔직히 말씀드리면 저는 무작전으로 줄곧 일했습니다. 그만큼 커리어를 힘겹고 어설프게 쌓아온 것 같네요. 이 글을 읽으며 나의 커리어는 현재 어느 지점에 와 있는지 살펴보시기 바랍니다.

존재감 있게 일하기 위한 당신만의 커리어 작전을 응원합니다.

## 더 많은 문이 기다리고 있습니다

### 디지털 시대, 마음의 움직임을 잊지 말자
이 글을 쓰고 있는 지금은 코로나19 사태로 온 세계가 힘들어하고 있습니다. 집에서 온라인으로 회의하고 기획하고 글을 쓰고, 남는 시간에는 스마트폰이나 태블릿으로 메시지를 주고받거나 영화·드라마를 봅니다. 저는 몸이 찌뿌둥할 때면 〈서니 퍼니 피트니스Sunny Funny Fitness〉라는 한국 유튜브 채널을 보면서 매일 15분 정도 춤도 춥니다. 가족과의 식사와 집안일에 2시간 정도 쓰고, 1주일에 2~3회 줌이나 메신저로 온라인 회식을 합니다. 그야말로 소셜 네트워크를 실감하고 있습니다. 비행기를 타고 세계 이곳저곳을 날아다니던 제가 의자에 엉덩이를 딱 붙인 채 하루하루를 보내는 중입니다.

비단 저뿐이 아닙니다. 미국 시장조사업체 이마케터 eMarketer는 미국 성인이 2020년 소셜 네트워크에 접속하는 시간이 2019년 대비 6초 증가할 것이라고 예측했다가 코로나19 사태로 약 7분 증가한 1시간 22분이 될 것이라고 상향 조정했습니다. 수긍할 만합니다.

오늘날의 위기가 닥쳤을 때 디지털 툴이 없었다면 어떻게 됐을까요? 안네 프랑크는 인터넷이 없던 시절 2년 넘게 다락방에 숨어 지냈다니 새삼 대단하다 싶습니다. 지금 그러기는 아마 어렵겠죠? 그만큼 우리는 디지털의 혜택을 받는 시대에 살고 있습니다. 유튜브, 인스타그램, 틱톡에 다양한 콘텐츠가 넘쳐나며, 심지어 직접 제작하기도 쉬워졌습니다.

하지만 그 때문에 정말 재미있는 콘텐츠부터 재미없는 것, 위험한 콘텐츠까지 마구 뒤섞여 있기도 합니다. 기존 미디어는 방송국 심사도 있었고 신문광고도 일정한 확인절차를 거쳤습니다. 이렇게 많은 사람의 손을 거치면서 위험요소가 미리 배제될 수 있었습니다. 물론 동시에 자극적인 요소까지 어느 정도 빠졌기 때문에, 선을 넘나드는 '매운맛' 콘텐츠로 승부하는 디지털 크리에이티브에 젊은이들이 매력을 느끼는 것은 어쩌면 당연한 현상인지도 모르겠습니다. '좋아요'를 통해 실시간 반응을 확인할 수도 있고, 혼자서 기획, 제작, 업로드까지 가능하다는 편리성도 있고요.

하지만 제작자로서 반드시 고려해야 할 점이 있습니다. 바로 '이 콘텐츠로 인해 상처받는 사람이 없는지'입니다. 광고에서는 CD가 체크하지만, 혼자서 만드는 디지털 콘텐츠에서는 종종 이 부분이 간과되곤 합니다. 어떤 콘텐츠건, 크리에이티브는 결국 사람과 행복을 깊이 고민해야 한다는 사실을 잊지 않았으면 합니다.

"광고는 정치나 다른 시스템이 하지 못하는 일을 할 수 있다Advertising can do things that politics or other systems can't."

국제광고상 심사위원으로 참가할 당시 제출한 자기소개문에 제가 항상 썼던 문장입니다. 생각해보세요. 광고 크리에이티브 과정에는 브랜드나 기업이 당면한 문제를 해결할 방법이 포함돼 있으며, 정치보다 빠르게 움직일 수 있습니다. 게다가 최근에는 기업의 사회적 책임이라는 개념이 대두되면서, 많은 브랜드들이 단순히 제품 생산에 그치지 않고 기업이 세상을 위해 무엇을 할 수 있는지 고민하기 시작했습니다. 아이디어를 도출하는 능력과 그것을 형상화하고 전달하는 크리에이터의 능력은 이 고민을 풀어가는 데에도 분명 도움이 될 겁니다.

그러니 아이디어를 도출하기 위해 다양한 경험을 쌓아주세요. 우리는 점점 더 무언가를 소유하기보다는 공유하는 편을 택하게 될 테니까요. 이런 시대에 필요한 것은 여러분이 무엇을 했는지, 누구와 만났는지, 어떤 재미있는 의견을 이야기할 수 있는지와 같은 개인의 경험입니다. 지금은 코로나19 사태로 조금 움츠러들었지만, 밖으로 나가 여행을 하고 사람을 만나며 자신만의 서랍을 늘릴 기회가 빨리 찾아오길 바랍니다.

### 세상에 불필요한 것은 단 하나도 없다

앞서 썼듯이 저는 돌고 돌아 크리에이티브 업계에 발을 들였습니다. 저에게 날아온 공은 어찌됐건 모두 받아내고 주우면서, 왜 내가 이곳에 있는지를 생각하고 나아갈 수 있도록 노력했습니다. 물론 실패도 겪었습니다. 이 책에 모두 쓸 수 없을 정도로요. 하지만 그중 헛된 경험은 단 하나도 없었습니다. 적어도 크리에이티브 업계에 있는 한!

그러니 얼마나 훌륭한 직업인가요? 더 많은 사람들, 더 많은 여성들이 함께한다면 더 멋진 직업이 될 거라 믿습니다. 그리고 선배들이 저에게 해준 것처럼, 여자가 다음 여성 타자를 척척 내세울 수도 있을 거고요. 우선 저는 원쇼를 주최하는 원 클럽 포 크리에이티비티One Club for Creativity의 이사회로 차세대 크리에이티브 리더Next Creative Leaders 선출을 돕고 있는데요, 올해부터 아시아에 더욱 힘을 쏟을 생각입니다. '이건 내 자리야'라고 생각하는 여성과 논바이너리non-binary는 주목해주세요!

책을 쓸 수 있도록 제안해주신 선미 씨, 정말 감사합니다. 덕분에 바람 불어가는 대로 살아온 스스로를 돌아보며 '인생 대 반성회'를 할 수 있었습니다. 선미 씨는 프롤로그에서 저와 선미 씨가 여성 크리에이터로서 닮은 부분이 많다고 했는데, 읽는 분들 입장에서는 아마 전혀 다른 두 사람을 보셨을 거라 생각합니다. 그것이 바로 여성 크리에이터의 진면목이자 재미겠지요! 그리고 편집자 김은경 씨에게도 진심으로 감사합니다. 유창한 일본어 문자로 언제나 힘차게 저를 격려해주셨습니다. 이 책이, 국경을 초월한 여성의 단단한 연대를 보여주는 좋은 사례가 되길 바랍니다.

여러분과 국적이 다른 탓에 조금 거리가 느껴지는 부분이
있을지도 모르겠습니다. 이 시시콜콜한 글이 여러분 마음에
얼마나 가닿을지 불안하기도 하지만, 도움이 될 수 있다면
정말 기쁘겠습니다.

제가 마음에 담고 있는 코코 샤넬의 말을 인용하면서 글
을 맺습니다.

"가로막힌 벽이 문으로 바뀌길 기대하며 그 벽을 두드리느라
세월을 낭비하지 말라.
Don't spend time beating on a wall, hoping to transform it into a door."

우리에게는 벽보다 더 많은 문이 기다리고 있을 것입니다.

**역자 백승희**

한국외국어대학교에서 일본어를 전공, 졸업 후 광고회사에서 근무하다 동 대학 통
번역대학원에 진학, 동시통역을 전공했다. 공동저자인 박선미 대표와의 특별한 인
연으로 번역에 참여했다.

# 커리어 대작전

2020년 7월 29일 초판 1쇄 발행

**지은이** 박선미·오카무라 마사코
**펴낸이** 권정희

**펴낸곳** (주)북스톤
**주소** 서울특별시 성동구 연무장7길 11, 8층
**대표전화** 02-6463-7000
**팩스** 02-6499-1706
**이메일** info@book-stone.co.kr
**출판등록** 2015년 1월 2일 제2018-000078호

ⓒ 박선미·오카무라 마사코
(저작권자와 맺은 특약에 따라 검인을 생략합니다)

ISBN 979-11-87289-93-7(03320)

북스톤은 세상에 오래 남는 책을 만들고자 합니다. 이에 동참을 원하는 독자 여러분의 아이디어와
원고를 기다리고 있습니다. 책으로 엮기를 원하는 기획이나 원고가 있으신 분은 연락처와 함께 이메
일 info@book-stone.co.kr로 보내주세요. 돌에 새기듯, 오래 남는 지혜를 전하는 데 힘쓰겠습니다.